中国の少数民族教育政策とその実態

新疆ウイグル自治区における双語教育

アナトラ・グリジャナティ
古力加娜提・艾乃吐拉

三元社

目　次

中国の少数民族教育政策とその実態

新疆ウイグル自治区における双語教育

序　章
現代中国における少数民族教育の課題

1

第 1 節　研究の目的　2

第 2 節　先行研究と問題の所在　4
　　2.1　バイリンガル教育研究と中国の「双語教育」　4
　　2.2　中国における双語教育研究の流れ　6
　　2.3　日本における中国双語教育研究　10
　　2.4　双語教育と「和諧社会」論　12

第 3 節　調査の概要と本書の構成　16
　　3.1　調査地の選定と概要　16
　　　3.1.1　新疆の概要　18
　　　3.1.2　ウルムチ市の民族・言語環境　21
　　　3.1.3　カシュガル市の民族・言語環境　23
　　3.2　調査の概要　25
　　3.3　本書の構成　25

第 1 章
中国の民族政策と双語教育

31

第 1 節　民族教育の定義とその役割　32
　　1.1　民族教育の定義　32
　　1.2　民族教育の役割　34
　　1.3　教育機会均等と民族教育　36

第 2 節　双語現象と双語教育　38
　　2.1　双語現象　38
　　2.2　双語教育と双語教学　40

2.3　双語教育の類型　43
　　2.4　双語教育の研究対象　45

第 3 節　民族教育の法的位置づけと現実　47
　　3.1　制度上の法的保障　47
　　3.2　現実にみる法的保障　49
　　まとめ　51

第 2 章
新疆における双語教育政策の変遷
53

第 1 節　新疆における漢語教育の導入　54
　　1.1　建国以前の漢語教育　54
　　1.2　建国から民族政策の回復までの漢語教育　56

第 2 節　改革開放後の双語教育　58
　　2.1　「民漢兼通」を目標とした「双語教育」　58
　　2.2　「双語教学」から「双語教育」へ　60
　　2.3　「HSK」の導入　61

第 3 節　西部大開発以降の双語教育　63
　　3.1　「内地新疆高中班」の設置　64
　　3.2　「民漢合校」の推進　66
　　3.3　漢語中心の双語教育に関する強化政策　68
　　まとめ　70

第 3 章
新疆社会における双語使用の歴史と地域性
73

第 1 節　多言語社会としての新疆　74

1.1 建国までの言語使用状況　74
1.2 建国後の言語使用状況　76

第2節　漢族集中地域の言語使用事例——ウルムチ市　79
2.1 ウイグル族の商業区　79
2.2 漢族の商業区　82

第3節　ウイグル族集中地域の言語使用事例——カシュガル市　86
3.1 地方都市バザール　87
3.2 地方農村バザール　90
まとめ　94

第 4 章
双語教育における教授用言語の変化

95

第1節　漢語の教授用言語化の実験——中等教育　96
1.1 「双語実験班」の導入　97
1.2 「双語実験班」の成果とその拡大　99
1.3 「双語実験班」の実態　101

第2節　漢語一元化へ向けて——高等教育　105
2.1 高等教育機関の概況　106
2.2 民族教育の質を高める主要対策　108
2.2.1 「113 教改工程」　109
2.2.2 少数民族学生の漢族クラスへの移動　110
2.2.3 教員研修　111
2.2.4 教員研修の目標と実施　112
2.3 現状と課題　114
2.3.1 学生への聞き取り調査から見る教育の実態　115
2.3.2 教員への聞き取り調査から見る教育の実態　117
まとめ　119

第 5 章
双語教育における母語の重要性
121

第1節　双語教育における母語の位置づけ　122
　1.1　母語の役割　122
　1.2　年齢と母語形成　125

第2節　母語形成期後期における双語教育とその実態——初等教育　127
　2.1　調査校の選定と概要　127
　2.2　双語教育の実態　130
　　2.2.1　「語文」の授業　130
　　2.2.2　「算数」の授業　133
　　2.2.3　考察　135

第3節　母語形成期前期における双語教育とその実態——幼児教育　137
　3.1　新疆における幼児教育　138
　3.2　幼児教育に関する予算配分　139
　3.3　教育内容における双語教育的要素　141
　3.4　幼児双語教育の実態　143
　　3.4.1　調査の概要　143
　　3.4.2　A・B 幼児園の選定理由　145
　　3.4.3　A 幼児園の双語教育現状　146
　　3.4.4　B 幼児園の双語教育現状　151
　　3.4.5　幼児園の選択　153
　まとめ　155

第 6 章
家庭教育における双語受容
157

第1節　生活場面における子どもの双語受容　158

1.1 地域社会における双語使用の実態　159
1.2 家庭における双語使用の実態　161

第 2 節　漢語の積極的受容──「民考漢」を事例に　164
2.1 母語教育とアイデンティティ形成　165
2.2 「民考漢」の揺らぐアイデンティティ　168
2.3 学校不適応　171
まとめ　174

第 7 章
双語教育における道徳教育の実施
175

第 1 節　中国における道徳教育の特徴　176
1.1 価値観の違いと道徳教育　176
1.2 ウイグル社会における道徳教育とその社会的役割　179

第 2 節　ウイグル社会における道徳教育の現状　182
2.1 双語教育の発展趨勢　182
2.2 双語教育における道徳教育の現状　184
まとめ　188

終　章
民族教育の内実と和諧社会論
191

第 1 節　本書の概要　192

第 2 節　現代中国における民族教育の内実　196
2.1 民族平等と民族学校　196
2.2 教育機会均等と民族教育　198

第 3 節　「和諧社会」論と民族教育　199
　　　　結語──今後の展望と課題　201

あとがき　203

参考文献　208

序　章

現代中国における少数民族教育の課題

第 1 節　研究の目的

　本書の出発点は、中国新疆ウイグル自治区（以下「新疆」と省略する）における双語教育[1]の実態解明を通じて、現代中国の少数民族教育の特質を明らかにするとともに、多民族国家中国における多言語共生社会の道を探ることである。中国における新疆ウイグルは、その複雑な歴史、政治的経緯から少数民族言語と共通語の関係がより先鋭化したかたちで顕在する地域である。その意味で双語教育の普及と受容[2]における集団間関係や課題などを考察するのに適した地域・民族社会であると思われる。

　多民族国家中国では、国家統合を念頭においた漢語普及と少数民族言語・文化の尊重とを両立させる政策として「双語教育」が提唱され、小学校段階からその徹底した普及活動が着手されている。2009 年現在は、計 21 の民族言語を用いて、全国一万ヵ所余りの小中学校で双語教育が実施され、対象学生は 600 万人余りに達している。しかし、双語教育の形態や実施状況は、地域あるいは民族集団によってそれぞれ異なっている。例えば、小学校の高学年から漢語を 1 つの科目として設け、民族言語を教授用言語とする双語教育もあれば、小学校の低学年では、民族言語を補助

1　本書で記述の中心となる「双語教育」は、漢語が母語ではない少数民族の児童・生徒を対象とする二言語教育を指しており、民族教育を通じて実現される。本書ではその具体的な事例として新疆で行なわれているウイグル語と漢語の双語教育を扱う。

2　本書では、双語教育に関する教育政策の導入過程とその社会的浸透過程を含めて「受容」と呼ぶことにする。教育統計のように数値的な変数で測られる「受容」を指すだけではなく、むしろ現地の人々が双語教育の名のもとで普及しつつある漢語教育や、社会的、経済的に使用範囲が広がりつつある漢語の現状をどのように受けとめているかに関し、学校現場と日常生活における実践として捉えられた具体的プロセスを指すものである。

的言語とし、高学年になるにつれ漢語を教授用言語とする双語教育もある。いずれにせよ従来の双語教育は、民族言語と漢語を同じレベルにまで到達させるという「民漢兼通」（母語と漢語のどちらも精通すること）の理念にもとづき、民族言語・文字を身につけさせた上での漢語教育を意味していた。しかし、改革開放や市場経済の急速な進展は、少数民族地域の言語環境に大きな影響を及ぼし、双語教育における漢語教育の比重を増大させつつある。雇用市場では民族言語より漢語の実用価値がますます高まり、少数民族の間でも就学先として民族語系の（民族）学校より漢語系の（普通）学校を選ぶ人々が増えつつある。また学校教育のみならず人びとの日常の言語生活など少数民族社会あるいは文化全体に大きな変化がもたらされ、新たな問題を生んでいる。

　以上のような近年の少数民族社会の現状を受け、本書では少数民族地域の社会文化状況に大きな影響を及ぼす可能性を持つ双語教育政策の導入過程の実態を教育および社会文化的コンテクストの両面から総体的に明らかにし、その課題を指摘するとともに多言語共生社会への展望を探ろうとするものである。近年、制度や行政の側面からの双語教育研究はかなりの蓄積を見せているが、それを社会的、文化的側面との関係において取り上げたものはいまだ多くない。そこで本書では、学校教育における双語教育と日常生活における双語現象という2つの側面に着目し、中国の少数民族双語教育の現状と特質および課題を全体（holistic）として、また双語教育の移行時期（漢語を1つの科目とした双語教育から漢語を教授用言語とした双語教育への展開プロセス）の実態を可能な限り現地の文脈に即して把握するよう試みる。さらに本書は双語教育政策を推し進める側からの一方的な視点ではなく、むしろそれを受容する側の立場や現状に強い関心を払うことによって施策者側と受容者側の関係性や交渉過程にも注目するよう心がけている。そのために従来の双語教育研究において不足がちだった政策の受容者である少数民族の生の声や観察から得られた第一次資料を積極的に活用する。

以上の主要な目的および方法はさらに以下のように細目化される。

1. 幼児教育から高等教育までのすべての教育段階の現状を縦断的に見ていくことを通して、中国民族教育の移行期における教育界、教育現場の実態や動向を、現地の文脈に即し全体として捉える。
2. フィールド・ワークにもとづく参与観察やインタビューの方法を用いることで各教育現場の実態の描出と検討を行ない、当該研究の実証性を高めるよう努める。
3. 人びとの社会的・文化的コンテクストを重視した双語教育研究を進めるために、フィールドを学校現場のみならず地域社会や家庭にも拡大し、民族社会における双語教育の受容を少数民族独自の文化や生活実践との関係において把握する。
4. 少数民族地域といっても双語教育に関する考え方は一枚岩ではなく、様々な意見が存在している。双語教育受容の記述や分析に関しては、異なる意見や考え方の関係性や交渉過程に十分留意し、安易な単純化に陥らぬようその複雑で動態的な現状を詳細に記述し明らかにする。
5. 少数民族地域の双語教育受容を単に教育的課題としてのみ議論するのではなく、エスニシティや民族文化の動向にも深く関わる社会的、文化的課題として捉えた検討も行なう。

第 2 節　先行研究と問題の所在

2.1　バイリンガル教育研究と中国の「双語教育」

中国の双語教育に対しては、しばしば「バイリンガル教育」の訳語があ

てられるが、その教育対象、目的、方法は欧米諸国で行なわれるバイリンガル教育と異なっている。一般に、バイリンガル教育といった場合「学校で2つの言語を使って教えたり、または第二言語で教えることを指しており、教科として教える外国語教育はバイリンガル教育にはならない」（岡秀夫 2003:26）として、教育の手段に2つの言語を使うことが指摘されている。しかし、一口にバイリンガル教育といっても一様ではなく、国や地域によって様々な類型が見られる。すなわち、社会的、文化的に多数派言語集団への同化を目指す「移行型バイリンガル教育（Transitional bilingual education）」[3] もあれば、そのなかでも同化目的がもっとも強い「サブマージョン（Submersion）バイリンガル教育」もある。一方で、生徒の少数派言語を伸ばし、文化的アイデンティティを強化し、国内の少数民族集団の権利を肯定する「維持型バイリンガル教育（Maintenance bilingual education）」がある。さらには、多数派言語の子どもを対象に、学校では積極的に第二言語を取り入れてそれに浸す形で教育し、最終的に両方の言語を育成しようとする「イマージョン（Immersion）」型のバイリンガル教育もある（ベーカー 1996:181-195）。

国家目標や教育政策は国によってそれぞれ異なるため、二言語のカリキュラム上の配分には様々な型があり、バイリンガル教育とはいっても必ずしも2つの言語が教室で均等に使用されるわけではない。また、同じ国のなかでも言語の多様性を尊重し、バイリンガル教育を支援する立場と、言語の多様性を批判し多数派言語の優位性を主張する立場が併存する場合も多く、二言語の配分のあり方は非常に難しい問題である。

---

[3] 移行型バイリンガル教育は、生徒の言語を家庭で使われている少数派言語から優勢な多数派言語に移行させることを目指すものである。生徒は、一時的に家庭で用いる言語で授業を受けることができ、多数派言語の授業についていけるだけの第二言語能力がついたと判断されると、通常クラスに移行される。普通2年程度まで（長いときは6年間）母語を使用するが、究極的には一言語使用を目指す（ベーカー 1996:181）。

研究領域においても、世界各国のバイリンガル教育が多様な視点で取り上げられるようになっており、かなりの蓄積を見せつつある。例えば、近年のバイリンガル教育研究ではルイーズ（1988）の「問題としての言語」、「権利としての言語」、「資源としての言語」という3つの異なる言語観がしばしば言及され、指摘されている。これは、アメリカの言語政策や言語教育政策におけるマイノリティの子どもたちの言語と教育のあり方に関する議論のなかで取り上げられた3つの異なる言語観である。このうち、「問題としての言語」とは、英語ができないことをマイノリティにとってもアメリカ社会にとっても問題と捉える言語観で、その問題を解決するために英語を習得することが何よりも重要であるとする。「権利としての言語」とは、母語を用いる権利や母語教育を受ける権利を基本的な人権の1つとして捉える言語観で、マイノリティに平等や公正を実現する手立てとして、いわゆる言語権を個人のレベルや集団のレベルで保障していこうとする。「資源としての言語」とは、英語以外の言語を資源と捉える言語観で、多言語能力はマイノリティにとってもアメリカ社会にとっても大きな価値をもたらすものとして評価する（末藤 2002）。グローバリゼーションが急速に進むなか、多言語（多文化）主義がより強調される傾向にあり、「資源としての言語」という言語観が世界各国のバイリンガル教育に新たな視点を与えている。
　以下、中国における少数民族双語教育に関する中国での研究状況やその流れと、日本での研究状況について検討を行ない、本書の独自性と意義を明らかにする。

2.2　中国における双語教育研究の流れ

　まず、中国の双語教育の主な対象者は移民ではない。そして中国の双語教育は、公式的には国民統合を念頭に、漢語普及と少数民族言語・文化の尊重とを両立させる目標にもとづき打ち出された教育政策であり、その実施にあたって中央政府と各省・自治区の間で対立や不一致はほとんどない。

中国における双語教育は、そもそも漢語が母語ではない少数民族児童・生徒を対象とする漢語第二言語教育を指している。「双語教育」という術語が使われるようになったのは 1980 年代後半から 1990 年代前半にかけてであり、それまでは「双語教学」という術語が使われてきた。この「双語教学」という呼称（術語）は、その実施や拡大プロセスのなかで、それが従来意味していた漢語を第二言語とする教育から漢語を教授用言語とする教育へと変化することで、「双語教育」と称されるようになったのである。後述するように、双語教学と双語教育は同じ概念ではない。しかし、中国ではこの 2 つの概念についてはっきりとした定義がなされていないため、中央および地方政府が配布している公文書においては双語教学が用いられる場合もあれば、双語教育の用語が用いられ場合もある。教育現場では配布された政策にしたがうため、双語教学と双語教育の混用が見られる。そして、研究者の間でもこの 2 つの概念が区別せずに用いられることがしばしばある。このように、中国の少数民族地域で双語教育の実践が進められていながら、その定義はいまだにはっきりしていないのが現状である。本書で用いる双語教育は、「2 つの言語を教授用言語として用いる教育」（滕星他 2002）全般を指しており、「母語である第一言語を教授用言語とし、漢語を第二言語とした二言語教育」（滕星他 2002）を意味する双語教学と区別して用いることにする。しかし、その歴史的背景（第 2 章）を整理する場合は、必要に応じて「双語教学」という用語も用いる。

　中国の双語教育研究は、語彙論や文法を中心とした言語学的な研究からスタートした。そして、双語教育の内容や教授法の研究というよりも民族教育を発展させる上での双語教育の必要性、少数民族の人材を育成する上での役割、民族事業や民族団結における位置づけ、少数民族が双語教育を受けることのメリットやその政治、経済、文化、教育領域における機能を論じる研究へと展開した[4]。

4　具体的には、長慶宏の「第二言語教学中的語彙及語用」（1994:63-65）や楊

その後、中国国内の民族教育研究者の間では、少数民族のいわゆる「経済的後進性」を根拠として、経済的政治的発展のためには辺境が中央の言語に従属するのは当然であるとして、族際語（異なる言語的背景を有する民族間の共通言語）としての漢語の重要性が強調されてきた。彼らは、「尊重すべきは民族団結、共通語を主とし、民族語を従属的な地位に」と主張する（戴慶厦・何俊芳 1997; 詹伯慧 1999）。少数民族の個々人に対しても「漢語学習を通してのみ現代化社会へ入ることが可能となる」（滕星・王軍 2002:337）と指摘する。このように、中国ではしばしば経済発展への貢献という観点からの民族教育、あるいは双語教育に関する検討は行なわれている。しかし、各民族の歴史、文化、伝統、生活習慣の継承の観点、または、法律上の「平等」の観点からの民族教育および双語教育研究は依然として進んでいない。さらに、双語教育を受ける側、すなわち、固有の文化背景を持つ少数民族の人々がどのように双語教育を受容し、彼らの現在を構成し、自らの未来を展望しているかを明らかにする研究もまだこれからである。

　近年、フィールド・ワークを通して、双語教育の現状を把握した上で、漢語教育の教授法を改善し、漢語教育の質を高めようとする政策提言を主とした研究が行なわれるようになってきた[5]。2000 年以後、人々の双語教

　　　梅／奚寿鼎の「白族白、漢双語教学十六字方針実施初探」（1995:58-62）陳新瑜の「'双語教学' 管見」（1995:56-57）、曲木鉄西の「双語教育研究二題」（1995:71-74）や趙秀芝の「試論新疆双語教育的緊迫性」（1997:18-21）などを挙げることができる。

5　具体的には、古麗尼薩／加玛勒（1997）「新疆伊犁哈薩克自治州民族中小学漢語教学質量現状」『民族教育研究』1997 年第二期、滕星（1998）「中国新疆和田維吾尔族維漢双語教育考察報告」『民族教育研究』1998 年第四期、买提熱依木・沙依提「喀什、和田地区維吾尔族児童生活環境和漢語学習調査報告」『民族教育研究』1999 年第二期などを挙げることができる。

育に対する意識の変化によって、研究の方法にも変化が現われている[6]。すなわち、現地の人々の生活文化や考え方を重視する教育人類学的なアプローチが民族教育および双語教育研究にも導入され、少数民族の漢語第二言語教育を改善し、円滑に実施するため、第二言語に関わる文化的背景や知識が必要であるという新たな認識が生まれはじめた。また、少数民族児童・生徒の低学力の問題を学校、コミュニティ、家庭などの要因と関連づけた分析も見られるようになった。

　その対象地域として本書と同じく新疆（ウイグル語と漢語の双語教育）に焦点を置いた研究も現われている。例えば、王振本・梁威・阿布拉・艾買提・張勇（2001）『新疆少数民族双語教学与研究』、張貴亭監修（2003）『新疆少数民族中学双語授課実験与研究』などがある。王振本ほか（2001）は、新疆における少数民族の漢語教育の現状、存在している問題および対策について分析している。張貴亭（2003）は、少数民族の「民漢兼通」を促進する試みとして、1992年から一部の中学校において行なわれていた「双語教学実験班」の経験と教訓を総括している。

　ここで注意しなければならないのは、双語教育研究と言いながらも、研究の全体的な重点はあくまで「如何に少数民族の漢語レベルを高めるか」という点に置かれていることである。王振本ほか（2001）の研究では、漢語教育を強調するが、広がりつつある北新疆と南新疆間の教育格差には注目していない。張貴亭（2003）の研究では、実験クラスの成果は明らかであるが、その多くは北新疆の一部の学校で「実験」として実施されたもの

---

[6] 具体的には、巴戦竜／滕星 2004「人類学・田野工作・教育研究――一個教育人類学家的関懐、経験和信念」『中南民族大学学報』人文社科出版、田漢族／高玉英「課堂教学生活：一種教育人類学的闡釈」『湖南師範大学教育科学学報』（馬以念／沈恵 2001「回族言語、回族教坊与回族社区幼児教育」『民族教育研究』2001年第四期；滕星／楊紅（2004）「西方停学業成職帰因理論的本土化闡釈――山区拉祜族教育人類学田野工作」『広西民族学院学報』などを挙げることができる。

であり、南北の地域格差については考察されていない。そこには、地域の実情を考慮し、民族集団の文化に即した双語教育カリキュラムの開発などに関する見通しなどは見られない。また、少数民族の子どもたちの漢語レベルを高めることだけに注目し、彼らの興味・関心、第二言語を学習し始める適切な年齢および母語の果たす役割などについても言及がなされていない。さらに、伝統的な家庭教育と学校教育との違いからくる子どもの不適応や学力問題などが注目されることもない。

2.3　日本における中国双語教育研究

　日本における双語教育研究としては、中国の民族教育に関するものは多数見られるが、少数民族を対象に実施されている言語教育に焦点を当てた研究は少ない。また、社会言語学的な視点から盛んに行なわれている欧米のバイリンガル教育に比べても中国の双語教育に関する研究はそれほど多くはない。

　中国の少数民族教育や言語政策に関する研究で頻繁に引用される著書として岡本雅享『中国の少数民族教育と言語政策』(1999) がある。本書は、著者が中国の東北地区、新疆、内モンゴル、チベットおよび南方諸省を歩き、膨大な資料を集め、中国の少数民族教育と言語政策をミクロとマクロの双方から検討し、体系的かつ詳細にまとめあげたものである。また、教育や言語から中国の少数民族政策を取り上げた政策・制度論と、中国の各少数民族地域の歴史や現状を言及した個別事例研究という二本の柱で、考察の対象とする時期は戦後の中国を中心にしながらも、時には清朝末までにおよぶ中国の少数民族教育と言語政策の全体像を有機的につかもうと試みたところが特徴的である。

　しかし、個別事例研究においては、現地の個々人の声の記述がなされていない。著者は、確かに現地の人々や研究者とのやりとりを随時紹介しているが、人々との「生(ナマ)」のやりとりは紹介していない。また、教育に重点が置かれているものの、教育現場の実態を参与観察ではなく、現場をよく

知る現地研究者の話にもとづいて論じている。1990年代の半ば以降、中国社会はめまぐるしい変化を遂げており、少数民族言語政策は変わることなく維持されているものの、実態は急速に「変化」している。本書が重視している少数民族の独自性を維持し発展させるための民族教育にも大きな変化が訪れており、民族教育や双語教育の近年の新たな展開についてのさらなる考察が必要となっている。

　こうした数少ない研究のなかで、藤山正二郎は新疆ウイグル社会における漢語教育の進展とウイグル語の危機や民族アイデンティティの関係性（藤山1998）や、ウイグルの子どもたちの漢語レベルが上達しない原因を「実践共同体」への「参加」の概念で考察している（藤山2007）。また清水由里は同化思想の側面から双語教育の動向について考察を行なっている（清水2004）。これらの研究は、中国内ではあまり注目されてこなかった双語教育の少数民族の言語・文化やアイデンティティ形成におよぼす影響などの問題に着目した研究として貴重であり、制度論のみでは読み取れない、実態にもとづいた双語教育研究という点で示唆的である。

　藤山（2007）は、「実践共同体」への「参加」やアフォーダンスという認知科学的概念にそってウイグルの子どもたちの漢語学習の効果が上がらないという問題について考察を行なっている。藤山論文は、言語学習にはその言語に関わる文化的背景を理解することの重要性や、日常的にその言語と頻繁に接触が可能となる社会的言語環境の必要性を指摘した点で示唆的である。しかし、現実の教授現場や生活場面に即した短期間の観察や実践共同体やアフォーダンスの概念だけでは、新疆の漢語学習の効果について評価することは難しい。なぜなら、漢語教育を受ける主体である子どもたちの漢語学習に対する興味・関心、あるいは、子どもたちがどのような意図を持ってそれを勉強し、またどのように受容しているかによって学習効果は違ってくる。さらに、教育の担い手である教員らの有する漢語能力も学習効果に大きな影響をおよぼしており、双語教育が抱えている課題の1つである教員の量的不足と質の問題も含めて考察する必要があると思わ

れる。

　清水（2004）は、新疆での1年以上の滞在期間に入手した資料や見聞をベースに、新疆の双語教育の概念を整理した上で、それに対する人々の意識の変化と動向について考察を行なっている。そこで、清水は小中学生のうち、「漢語学習が非常に有益である」、「漢語学習を好む」という生徒がそれぞれ95.77%にのぼっているというデータや都市部を中心に子どもを普通学校に入学させる親が増えている事実を指摘しつつ、新疆における双語教育がある種の同化思想を覆い隠す概念装置として機能している側面があるとしている。しかしこれは、漢語教育を積極的に受け入れようとする一部の人々の漢語教育（あるいは漢語学校への進学）への意欲や存在を顧慮しない一面的捉え方となっている。

　以上のような先行研究の問題点をふまえて、本書の課題と研究方法が設定された。従来のように双語教育（漢語）を受けることのメリットを論じる制度論もしくは政策論的な視点、あるいは、如何に少数民族の漢語能力を高めるかという言語学的視点から双語教育を見ていくだけではなく、双語教育の普及過程と人々の受容過程を現地の社会文化的背景や生活実践の場面に即して見ていく。そして、調和のとれた社会関係を意味する「和諧社会」論に着目し、少数民族社会の複雑な言語環境に関する将来的な展望を含んだ議論を進めていく。

2.4　双語教育と「和諧社会」論

　多文化・多言語主義が強調される今日、「共生」ということばが様々な領域において登場している。江渕ほか（2000）によれば、「共生」の思想は、人間の対自然関係や環境の問題に対してのみ求められるのではない。人間対人間の関係、つまり、言語・文化や歴史的背景を異にする民族間の関係、国民と外国人の関係、ジェンダーなど多様な社会的文化的文脈においても同様である。なかでも、民族的文化的背景が異なる人々の間の対立や葛藤は、今日もっとも「共生」思想の役割が期待される問題の1つである。

日本で「共生」ということばが教育や行政のなかで使われるようになったのは1996年頃からである（植田2006:29）。そのうち言語的側面に関しては、異なった言語を話す人々が単に並存するのではなく互いに関係性をもって共に生きるという含意をもった概念として理解されており、しばしば多言語の存在を前提にする社会統合のあり方が模索される場合に用いられている。また木村（2006）は言語社会学や異言語教育学の視点から言語権に対する配慮を、多言語社会を生きる人々の「共生」を考える上で避けて通れない課題であるとして指摘している。さらに、「共生」を空虚な概念におわらせないためには、言語の仕組みや働きのみならず、言語権の視点をカリキュラムに取り込むことや言語権の視点から誰にどのようなことばを教えるかという制度そのものを見直すことを言語教育の課題としている（木村2006:24-25）。

　こうした、多文化・多言語共生が重視されているなか、現在、55の少数民族を抱える中国では、社会主義的な「共生」を意味する「和諧社会」の建設が提起されている。「和諧社会」とは「調和のとれた社会」を意味する政府見解であり、江沢民政権末期からその理論化が進められてきた。2004年9月に開催された中国共産党第16期中央委員会第4回全国大会は「党の執政力（政務を執る力）構築の強化に関する決定」を採択し、初めて正式に「社会主義和諧社会の構築」を党の執政目標として定めた。和諧社会論は、マルクス・レーニン主義、毛沢東思想、鄧小平理論、「3個代表（三つの代表）」の重要思想を指導思想とし、科学的発展観をもって、中国の特色ある社会主義事業全体の布石と「小康社会（いくらかゆとりのある社会）」の全面的建設の推進を任務とする共産党の目標である。

　此本（2007）が指摘しているように、和諧社会は単純に経済格差を是正することのみを意味しているわけではない。2006年10月第16期中央委員会第6全国大会において、それまでの和諧社会理論化の成果として採択された「社会主義和諧社会構築における若干の重大問題に関する決定」では、経済体制、社会構造、利益構造、思想観念の本質的変動がもたら

す各種の矛盾と問題を不断に解消する継続的プロセスが「社会主義和諧社会」の構築であるとし、「和諧」の対象はきわめて広範におよんでいる（『人民日報』2006.10.19）。

こうした多岐にわたる「和諧」の対象のなかに中国の民族間関係を位置づけるとき、圧倒的多数の漢族と55の少数民族を抱える中国の民族間関係という文脈において、和諧社会論がいかなる共生的ヴィジョンを提供しているのか、あるいは提供していくのか、それがどのような「多元性」や「民族」のあり方を提起しているのかという論点が浮かび上がってくる。例えば、小島（2008）は「中国和諧社会論の民族関係調和をめぐる議論において、利益集団としての「（少数）民族」を強調する動因主義的アプローチ或いは少数民族を単なる文化的集団と見なすような排除が通用（正当化）しており、少数民族の主体形成の問題が俎上に載ることはない」と言う。また、中国少数民族の主体形成の問題を論じる際に、和諧社会論に潜むイデオロギー性がその障害となっており、そのために「和諧」の議論がきわめて限定的なものとなっていることを指摘している。

一方、郝時遠（2005）は中国の少数民族の文化的多様性の維持と社会主義和諧社会の構築との関係性について以下のように論じている。すなわち、「少数民族地区は我が国の多様な文化資源の宝庫であり、多言語、多文化、多宗教、多種の生産様式は多くの伝統的知識や智慧を含んでいる。少数民族の現代化は政治、経済、文化と社会生活の全面的な現代化を意味しており、文化的な側面では、「主に彼ら（少数民族）の自らの民族文化」の現代化発展を求めることに現われてくる。現代化は経済生活の共通性を生み出し、人々の生活様式を同じ方向へ導く。しかし、それは文化を破壊する同化ではなく、文化的多様性を十分に肯定し、発展させる方針で実現する。グローバル化が急速に進むなか、文化的多様性を保護することが国際社会の共通理念となっている」と経済発展にともなう変化と多様性の保護を理念上で両立させようとする。

さらに少数民族双語教育研究において重要な位置を占めてきた戴慶厦

(2007)は、「和諧社会」の構築における、調和のとれた言語間関係として「言語和諧」の重要性を指摘している。戴は、「和諧社会の構築は、我が国が現代化建設への進出時期において重要な任務であり、民族和諧、多元文化和諧、干群和諧（幹部と民衆の和諧）、家庭和諧など多くの面に関係している」と和諧社会の構築に必要とされる１つ１つの下位段階における和諧の実現に注意を促している。その上で「言語は社会生活の一部分であり、言語和諧は社会和諧の下位概念である。言語和諧の構築は和諧社会構築の重要な構成部分である」と和諧社会の構築における言語和諧の位置づけをはっきり示している。そして「言語和諧の概念は憲法と同様に、各民族の自らの言語文字を使用し発展させる自由を保障し、その「自由」を如何に実現させるかをさらに具体化している」[7]とし、少数民族言語と漢語の共生関係の重要性に言及する。また戴は「我が国の言語関係の主流は和諧であるが、非和諧的な側面も存在している」と言語和諧構築の必要性を認識しつつ、それの実現を「言語互補」という言語学的な側面から論じている。すなわち、「強勢言語」（経済的ステータスや経済的価値が高い）の漢語と「弱勢言語」（経済的ステータスや経済的価値が低い）の少数民族言語の関係は互いに補い合う「互補」関係であり、その「互補」関係が「和諧」を維持していく重要な手がかりであると述べている。しかし、これもあくまで制度上、理念上の議論であることには違いない。

　一方、少数民族地域で行なわれている双語教育を、言語和諧を実現させる最善の措置と考える意見がある。例えば、王瑛（2009）は経済活動における少数民族個人の自発的漢語使用やマスメディア・出版物における漢語と少数民族言語の二言語使用などの事例を通して見られる少数民族地域における漢語と少数民族言語の関係が共生であり、和諧であると主張する。

7　　戴慶厦（2007）「構建我国多民族語言和諧的幾個理論問題」国家民族事務委員会文化宣伝司・教育部言語文字情報管理司主催『民族語文国際学術研討会』2007 年 11 月 24-25 日。

それと同時に、中国社会における急速な経済発展やグローバル化の進展によって、漢語の実用性が少数民族言語よりはるかに高まっているといった言語の社会的ステータスの問題が言語和諧や和諧社会の実現に影響を及ぼすことも指摘している。そして、こうした問題を解決し、言語和諧や和諧社会を実現させるためには少数民族双語教育政策の実行やさらなる強化が必要であると言う。ここで考えられている言語和諧では、少数民族の人々が双語教育を受けることによって、漢語を使いこなせるようになり、漢族と文化的、経済的交流ができるという、少数民族のみが「和諧」の実現を担う主体となっている。

　このように、中国の「和諧」概念は理念上、自由主義の国々において言及されている「共生」と同意義で論じられている。しかし、上で指摘したように共産党による強力な政治主導を特徴とする中国ではその実施プロセスや実現に向けての取り組み方は大きく異なっている。本書では「和諧社会」の概念を「上」（政府）からの視点ではなく、「下」（少数民族社会）からの視点で捉えていきたい。現地の人びとの意向を適切に反映させる共生関係が実現された社会を本書での「和諧社会」として考えていく。その上で、「和諧社会」構築の実現に必要とされている「言語和諧」も単なるスローガンではなく、明確な実行性をともなって実現されることを前提とし、その構築のためには教育における言語関係から着手することの必要性を指摘する。

第3節　調査の概要と本書の構成

3.1　調査地の選定と概要

　本書は、基本的研究手法として、人類学的フィールド・ワークの方法を用い、中国の西北部に位置し、中国のなかでも多民族、多言語、多文化の

地図1 中国
出所：http://www.big.com、2009年10月1日アクセス

地域である新疆を対象とする。新疆は、他の少数民族地域と違って、イスラーム系の少数民族が集中しており、特に近年は政治的に敏感な地域となっている。民族教育をも含めて、新疆社会で起こっている様々な「変化」に関する従来の研究では、ややもするとウイグル社会に与えたポジティブな影響ばかり取り上げられ、現地の現状や人々の意識をすくい上げ、考慮した見解や指摘が見られないことが多い。今回、新疆の双語教育を取り上げる本書は新疆研究におけるこうした限界を補うことを1つの重要な目標においている。

　本書では、新疆のなかでも漢族人口が多数を占める区都ウルムチ市と、ウイグル語話者がもっとも多いカシュガル市に焦点を絞った。この対称的な2つの地域を取り上げることによって、地域文化や社会的言語環境の違いを念頭に置いた、双語現象（バイリンガルあるいは多言語現象）や双語教育の実態や拡大・受容の様子の把握が可能となる。また、それぞれの特徴的な言語環境のなかで日々を送っている人々の意識や生活実態に即した

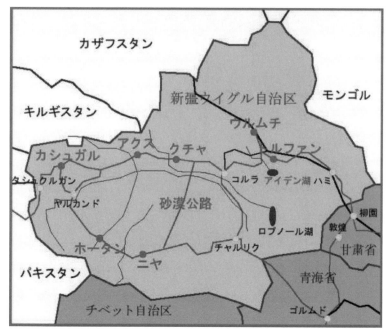

地図2　新疆
出所：http://www.big.com、2009 年 10 月 1 日アクセス

双語教育の受容のあり方を引き出すことができると考える。

3.1.1　新疆の概要

　新疆はユーラシア大陸の中央に位置し、中国の西北に位置する。面積は160万平方キロであり、中国の最大の省区である。新疆の東と南は甘粛省、青海省、チベット自治区と隣り合っている。北東から南西までモンゴル、ロシア、カザフスタン、キルギス、タジキスタン、アフガニスタン、パキスタン、インドなどの国々と接しており、国境線の長さは5000キロにおよぶ。全国の国境線の総延長の4分の1を占め、国境線が中国で一番長い省区となっている。新疆は中国の歴史では西域と呼ばれ、古代のシルクロードが必ず経由した地域でもある。それと同時に、この地域では世界四

大文明のエジプト文明、メソポタミヤ文明、インダス文明、黄河文明が出会い、世界三大語族であるシナ・チベット語族、アルタイ語族、インド・ヨーロッパ語族もここで交流してきた。世界三大宗教の仏教、イスラーム教、キリスト教もこの地に共存している。

　新疆には古くからウイグル族、漢族、回族、カザフ族、キルギス族、ウズベク族、モンゴル族、ダフール族、シボ族、タジク族、タタール族、オロス族、満族など十数種の民族が居住しており、民族、言語、宗教はかなり複雑である。それらの民族のうち、漢族、回族、満族が漢語を母語としており、他の民族は独自の民族言語と固有の伝統文字を持っている。このように、漢語以外の言語を第一言語とする民族集団を多数抱えていることが当地域の大きな特徴である。ウイグル語、カザフ語、モンゴル語、キルギス語は新疆人民代表大会正式の「工作言語」（仕事用言語）となっており、自治区レベルの放送局（ラジオ局）では5つの言語で、テレビ局はウイグル語、漢語、カザフ語で放送されている。図書雑誌類はシボ語を含めて6つの言語・文字で発行されている。

　中華人民共和国成立の時点（1949年）では、新疆の総人口（433万3400人）の76％がウイグル族であり、漢族は6.7％しかいなかった。当時、日常生活をはじめ、学校教育や公共的な場までウイグル語が公用語として使用されていた。ところが、改革開放政策や経済の市場化にともない、漢族が大規模に新疆へ移住し、人口構成に大きな変化をもたらした。1990年の統計によると、漢族は新疆の総人口（1515万5778人）の37.6％（569万5626人）にまで増加し、これに対してウイグル族の割合は47.5％（719万4675人）にまで減少している。2008年の『新疆統計年鑑』によると、現在新疆の総人口は約2100万人まで増加しており、そのうちウイグル族は960万人余りで、総人口の46％を占めている。漢族は820万人余りで総人口の約40％にまで増加している。

　新疆ウイグル社会おけるこうした人口学的変化と民族構成の変化は言うまでもなく社会的言語環境をはじめ、当該社会のあらゆる領域に様々な変

表1 新疆における民族人口の変化（単位：人）

	1949年	1953年	1964年	1982年	1990年	2000年	2008年
全区総数	4,333,400	4,873,608	7,270,067	13,081,633	15,155,778	17,915,459	20,951,900
	100%	100%	100%	100%	100%	99.4%	100%
ウイグル	3,291,145	3,607,609	3,991,577	5,949,655	7,194,675	8,256,661	9,650,629
	76%	74%	54.9%	45.5%	47.5%	46.1%	46.0%
漢	291,021	332,126	2,321,216	5,286,532	5,695,626	7,023,910	8,239,245
	6.7%	6.8%	31.9%	40.4%	37.6%	39.2%	39.3%
カザフ	443,655	506,390	489,126	903,335	1,106,998	1,277,474	1,483,883
	10.2%	10.4%	6.7%	6.9%	7.3%	7.1%	7.0%
回	122,501	134,215	264,017	570,789	681,527	813,023	942,956
	2.8%	2.8%	3.6%	4.5%	4.5%	4.5%	4.5%
ウズベク	12,174	13,580	7,683	12,433	14,456	13,198	16,138
	0.3%	0.3%	0.1%	0.1%	0.1%	0.07%	0.08%
キルギス	66,145	70,928	69,576	112,973	139,781	159,584	181,862
	1.5%	1.5%	1.0%	0.9%	0.9%	0.9%	0.87%
モンゴル	52,453	58,346	70,743	117,460	137,740	156,892	177,120
	1.2%	1.2%	1.0%	0.9%	0.9%	0.9%	0.85%
シボ	11,668	12,738	17,125	27,364	33,082	39,238	42,444
	0.3%	0.3%	0.2%	0.2%	0.2%	0.2%	0.20%
オロス	19,452	22,166	1,191	2,662	8,082	10,598	11,609
	0.5%	0.5%	0.02%	0.02%	0.05%	0.06%	0.06%
タジク	13,486	14,460	16,231	26,482	33,512	39,642	44,824
	0.3%	0.3%	0.2%	0.2%	0.2%	0.2%	0.21%
ダウール	1,805	1,968	2,720	4,370	5,398	6,405	6,678
	0.04%	0.04%	0.04%	0.03%	0.04%	0.04%	0.03%
タタール	5,926	6,892	2,281	4,106	4,821	4,695	4,728
	0.1%	0.1%	0.03%	0.03%	0.03%	0.03%	0.02%
満	1,039	1,163	2,909	9,137	18,403	22,329	25,626
	0.02%	0.02%	0.04%	0.07%	0.1%	0.1%	0.12%

出所：若林敬子1996『現代中国の人口問題と社会変動』、『中国1990年人口普査資料第一冊』、『新疆統計年鑑』2001、2008年版より作成

化をもたらした。また、国民統合を絶対的な中核理念とする一方で、民族教育をある程度容認するという、国家の二元的な「少数民族教育」政策の枠組みにしたがいつつも、ウイグル人自身がある程度主体的に民族言語・文化の維持・再生産を図る場として機能してきた民族教育（リズワン 2007:107）に起こっている変化は驚くほど大きい。そこでは、第4章と5章で具体的に述べるが、初等教育から高等教育まで教授用言語がウイグル語であった民族教育が、幼児教育段階から教授用言語を漢語に一元化する「民族教育」へと変化しつつある。

3.1.2　ウルムチ市の民族・言語環境

区都であるウルムチ市は、新疆の経済、文化、政治の中心地であるだけではなく、中央アジアの各国に近接し、ユーラシア大陸の東と西を結ぶ文化、宗教、経済の国際的な中継地として注目されている。またそこは47の民族から構成された多民族の大都市であり、シルクロードの新北道の経由地域でもある。新疆統計年鑑（2008）によるとウルムチ市の総人口は、230万人余り、そのうち漢族は169万人余りで総人口の73.5％を占めている。ウイグル族は、28万人余りで総人口の12.2％を占めている。その次に回族は8.85％、カザフ族は2.89％という割合になっており、違う民族同士が隣り合い、互いに影響し合って生活している。長く住んでいる老人がいくつかの民族のことばを話せることも珍しくない。

ウルムチが本格的に新疆の中心になったのは、1884年新疆省になった後のことである。李天国（2000）によると清朝のときウルムチに「満城」と「漢城」が建てられ、多くの漢族商人が入ってきた。近代のウルムチ市は、その「満城」と「漢城」を基礎として発展してきた。このような歴史的背景からウルムチ市では、昔からウイグル族と漢族との接触が頻繁にあったであろうことが推測できる。現在、漢族人口が総人口の74.6％を示す民族構成のなかで、住宅内、学校、職場などの様々な場面で漢族とウイグル族の接触が増え、漢語がコミュニケーション上重要な役割を果たす

地図3　ウルムチ
出所：http://www.big.com、2009年10月1日アクセス

言語となっている。

　例えば、1992年から始まった「ウルムチ市貿易洽談会（ウルムチ市貿易談合会）」により、新疆と内地、外国との貿易交流も頻繁に行なわれるようになった。この談合会によって、新疆の各民族・各社会は、道具としての言語の実用性を重視するようになり、コミュニケーション上もっとも実用性の高い言語（漢語）を教授用言語とする傾向が現われたのである。

　新疆のなかでウルムチを1つのフィールドとして選んだ理由は以下の4点にある。第一、（上述したように）ウルムチでは、漢族人口は総人口の7割以上を占めており、日常的・非日常（公）的場面における漢語との接触機会が多く、社会的言語環境がウイグルの人々の漢語学習をサポートしている。第二、日常生活においても漢語は実用性の高い言語であるため、ウイグルの人々の漢語に対する抵抗感はなく、コミュニケーションの道具としての漢語学習に積極的に取り組んでいる人が多い。第三、双語教育の実

施歴が新疆の他の地域より相対的に長く、学校の設備、教員の質、校内での使用言語など双語教育を進めていく上での環境がソフト・ハード両面において整っている。第四、ウルムチは、筆者の出身地域であり、従来の漢語第二言語教育から現在の教授用言語としての漢語教育への移行プロセスを自らの経験（学生としての経験と教員としての経験を含む）を活かしながら解明することが可能になると考える。

3.1.3　カシュガル市の民族・言語環境

　古くからシルクロードの要衝として知られ、近年「国家歴史文化名城（国の有名な歴史的、文化的な都市）」に指定され急速な都市化が進むカシュガル市の総人口は、約370万人、そのうちウイグル族は330万人余りで総人口の91.1％を占めている。漢族は、27万人余りで総人口の7.3％を占めており、全国的にはマジョリティである漢族が、このウイグル族主流の社会のなかではマイノリティとなっている。王振本（2000）も指摘しているように、この地域においてウイグル語が通用言語[8]であり、各民族の交流言語（コミュニケーションをとるときの言語）でもある。ここに散居している他の少数民族は漢民族も含めて、生活や生産の必要性から次第にウイグル語をマスターするようになっていたのである。

　カシュガルでは、オアシス灌漑農業が主な生業形態であり、行政機関や個人営業以外に工場などの働き口はほとんどない。農村部のオアシス地域の各家庭においては、漢族との接触はほとんどなく、漢族と共存する都市部でさえ仕事以外の場における漢族との交流はいたって少ない。農村にはウイグル族だけの村も少なくはない。単一民族構成の村は他の民族と交流

8　漢語は中国で「普通話」と呼ばれ、標準語を指している。全国で通じるという意味で「通用言語」とも言われている。それに対し、ウイグル族がマジョリティであるカシュガルにおいては、ウイグル語は、あまねく用いられる言葉であり、カシュガルでの「通用言語」と言える。

地図4　カシュガル
出所：http://www.big.com、2009年10月1日アクセス

する機会が少なく、閉鎖的あるいは半閉鎖的状態の社会経済文化体系が維持されている。

　圧倒的に漢族人口が多いウルムチとは対照的にウイグル族が多いカシュガルを取り上げる理由は以下の3点にある。第一、総人口の9割以上がウイグル族であり、漢族・漢語との接触機会が非常に少なく、社会的言語環境はウイグル語のモノリンガルで成り立っていると言える。言い換えれば、私的空間から公的空間までウイグル語の使用率が高く、漢語ができなくても困ることなく生きていける社会である。第二、90年代の初めまで、イスラーム文化のシンボルであったカシュガルでは、漢語を学習することはイスラーム信仰（アッラーへの崇拝）に反することと考えられ、人々の漢語に対する意識はネガティブであった。また、社会的言語環境や経済活動の側面から考えた場合にも、漢語の必要性はなかったこともあり、第二言語としての漢語教育もあまり進んでいなかった。第三、第二言語としての漢語教育および双語教育の実施歴はウルムチより相対的に短く、学校の設備、教員の質、校内での使用言語など双語教育を進めていく上での環境がソフト・ハード両面おいてまだ不十分である。

　以上の対照的な2つの地域を取り上げることによって、地域文化や社会的言語環境の違いを念頭においた、双語現象や双語教育の実態、拡大の様子の把握が可能となる。また、それぞれの特徴的な言語環境地域で日々

を送っている人々の意識や生活実態にそった双語教育の受容のあり方を引き出すことができる。そして、それらは、中国の双語教育を「社会和諧」論という新たな視点で考察する際、重要な手がかりを提供すると考える。

3.2 調査の概要

本書で用いるデータ資料は、主に 2004 年 7 月から 9 月上旬、2006、2007 年 8 月から 9 月上旬、2008、2009 年 8 月の現地調査で得られたものである。調査方法としては、フィールド・ワークを主とし、資料収集、参与観察、インタビュー調査を行なった。資料収集では、中国および新疆での双語教育研究の関連文献と中央政府および新疆政府の公文書を収集した。また本書では政府および教育庁が配布した双語教育に関する公開公文書を扱っていることを断っておく。

参与観察では、教師の視点に立つか、児童・生徒の視点に立つか、あるいは教室のうしろから参観者の立場で観察をするかによって、現象の捉え方が異なってくる。本書では、双語教育の実態を把握するために、可能な限りその 3 つの立場からの参与観察を実施した。これらに関しては、第 4 章と 5 章で詳しく紹介する。インタビューは、政府機関や教育庁の関係者、現地の研究者、教員、児童・生徒および大学生、親、一般庶民を対象に幅広く実施したものであり、論文使用の許可を得た語りを第 3、4、5、6 章で紹介する。

3.3 本書の構成

本書は中国新疆における少数民族双語教育の実態を、序章と終章を除き、計 7 つの章で捉えていく。各章の概要は以下のとおりである。

序章では、まず、学校教育と地域社会の 2 つの側面から双語教育に着目する本書の特色とその目的を提示した。そして、中国における少数民族双語教育に関する中国での研究状況やその流れと日本での研究状況とを順を追って検討していくことで、本書の独自性と意義を明らかにした。また、

双語教育施策者側と受容側の関係性を捉えていく視点として「和諧社会」論を提示した。最後に、調査地域や調査の概要を紹介し、中国で政治的に敏感な地域とされる新疆ウイグル社会を取り上げる理由について述べた。

　第 1 章では、中国の少数民族双語教育に関わる諸概念やその定義、類型および研究対象を概観し、その上で、中国の憲法や民族区域自治法で定められている少数民族の言語使用の権利とその実態を検討する。第 1 節では、中国の教育制度全体の重要な構成部分であり、民族工作（少数民族に関わる仕事）の重要な対象でもある民族教育の定義や、その役割について述べる。第 2 節では、中国における双語現象および双語教育に関する定義や類型、研究対象などについて述べ、その特徴を民族言語文化の維持と国民統合との 2 つの側面から捉えていく。第 3 節では、少数民族言語使用の憲法・民族区域自治法における位置づけを確認した上で、規定と実態の乖離について検討を行なう。

　中国政府が民族平等を前提に打ち出した民族政策は各少数民族地域によって実施状況が異なっており、その違いは民族教育に影響を与えている。第 2 章では、新疆における漢語教育の導入背景をたどり、それがどのようなプロセスを経て現在のような双語教育に至ったのか、その制度的変化のプロセスを探る。第 1 節では、新疆ウイグル社会における漢語教育の導入過程を清朝統治時代までさかのぼり、その緩やかな普及プロセスを整理する。第 2 節では、改革開放後の漢語教育に関する公文書にもとづきながら選択科目としてスタートした漢語教育が、理数系の科目を漢語で行なう双語教育へとどのように展開したのか、その制度的変化のプロセスを明らかにする。第 3 節では、近年の双語教育に関する強化政策を具体的に取り上げ、双語教育の今後の推進動向を探る。

　第 3 章では、双語教育のマクロな背景を構成する双語現象の地域性に注目し、ウイグル族が多く居住している南新疆（カシュガル市およびその近郊地域）と漢族が多く居住している北新疆（ウルムチ市）の生活環境や生活実態の違いにもとづきながら、双語現象の地域特性について明らかにする。

第1節では、新疆ウイグル社会全体の双語現象の歴史を回顧し、同じチュルク語系の言語から成り立っていた双語（多言語）現象がどのようなプロセスを経て現在の漢語とウイグル語の双語現象に推移したのかを明らかにする。第2節と3節では、言語生活の実態を把握する1つの有効な方法としてバザールでの人々の言語使用を取り上げ、二言語使用の社会環境や民族・言語環境と双語現象の関係等について検討する。

　第2と3章で明らかになった新疆における双語教育政策の特徴や変遷およびウイグル社会における双語現象の歴史的経緯、地域性などを踏まえた上で、第4章と5章では論点を学校教育に移し、双語教育における教授用言語の変化のプロセスを教育段階別に見ていく。その際、漢語を教授用言語とする双語教育が導入された教育段階順に、その実態を捉えていく。まず第4章では、中等教育と高等教育における双語教育の実態を明らかにし、抱えている課題を指摘する。第1節では、中等教育における理数系の科目を漢語で行なうという「双語実験班」の導入過程と実施状況を概観し、限られた民族中学校で設けられた「双語実験班」が教授用言語をウイグル語から漢語へと切り替えるきっかけとなった経緯を明らかにする。「双語実験班」を新疆の民族学校における教授用言語の変化のスタートと位置づけ、その成果やそれが引き起こした双語教育の地域格差の問題について指摘した。第2節では、中等教育での実験に引き続き、教授用言語が漢語に一元化された高等教育機関の現状を明らかにし、抱えている課題を指摘する。

　第5章では、小学校と幼稚園を中心に参与観察やインタビュー調査から得たデータにもとづいて、漢語を母語としない子どもたちが馴染みのない漢語による授業を受けることで、彼らの教育や将来の生活状況が改善されるか（されているか）という問題について考察を行なう。まず、小学校の双語教育では、教師の側の問題として授業における漢語力不足や教授用言語に漢語を用いることによる子どもたちの学習達成の限界、母語のみによる授業に比べ科目自体の学習効果が阻害されている問題等について指摘

する。そして、幼児双語教育では、母語であるウイグル語もまだ形成時期にある子どもに対して漢語中心の双語教育を行ない、また学習内容の重点も言語学習に偏っているため、子どもが遊びのなかで様々なものを発見し、それを馴染みのある言語で創造・思考し、表現する本来の幼児教育の内容から離れていることを指摘する。また、第二言語を学習させる適切な時期や第二言語学習における母語の役割などについても考察を加えた。

　第4章や5章で明らかになった民族教育における漢語比重の高まりは、少数民族の子どもたちの生活世界を構成してきたウイグル語中心の言語環境を急速に変化させつつある。第6章では、ウイグルの子どもたちの漢語受容の実態を家庭と地域社会という2つの生活場面において捉えながら、多層的な漢語拡大のプロセスのなかで浮かび上がってくる教育全般および文化化（enculturation）場面における様々な葛藤や亀裂について考察を行なう。第1節では、民族学校に通っている子どもたちが日常生活において漢語をどのように受けとめているか、あるいはウイグル語と漢語をどのように使い分けているかを具体的に見ていく。第2節では、民族学校に通っている子どもたちと対照的に、普通学校に通い漢語をさらに積極的に受容している「民考漢」[9]の子どもたちの事例を取り上げ、家庭教育・文化と異なる学校教育・文化が子どもたちの人格形成やアイデンティティ形成にどのような影響を及ぼしているかを検討する。

　第7章では、漢語を教授用言語とする双語教育において、ウイグル族

9　「民考漢」とは、本来、小学生のときから普通学校で教育を受け大学入試を漢語で受験した少数民族に対する呼称であった。しかし、次第に大学入試を漢語で受験したかどうかに関係なく普通学校に通う（あるいは通った）すべての少数民族のことを「民考漢」と呼ぶようになった。したがって、現在では小・中学校まで普通学校で学び、大学へ進学せずに社会に出た少数民族も「民考漢」と呼ばれている（希日娜依 2001:61 を参照）。現在は、普通学校と民族学校が合併し、「民漢合校」となっており、漢族クラスに通う少数民族は「民考漢」に含まれる。

の文化に即した道徳教育がどのように実施されているかという問題について考察を行なう。第1節では、中国における道徳教育のあり方を概観し、ウイグル社会における道徳教育の特徴とその社会的役割を述べる。第2節では、新疆における双語教育の発展趨勢を示し、漢語を教授用言語とする双語教育のなかでウイグル族の伝統的な道徳規範や価値観などをどこで、どのようにして子どもたちに伝えていくかという問題について考察を行なう。

終章では、第1章〜7章で明らかにし得た内容を踏まえ、民族平等や教育機会均等を目指してきた中国少数民族教育の内実について考察を行なう。そして、「共生社会」を意味する「和諧社会」論が今後の民族教育の維持や発展にどのような道を切り開くことができるかを新疆ウイグル社会の文脈と、民族教育研究への新たな提言の両面から検討し、その展望を示す。

第 1 章

中国の民族政策と双語教育

本章では、中国の少数民族双語教育に関わる諸概念やその定義、類型および研究対象を概観し、その上で、中国の民族政策のあり方について論じる。まず、中国の教育制度全体の重要な構成部分であり、民族工作の重要な対象でもある民族教育の定義に関する3つの学説と、民族教育の少数民族各自の歴史、文化、伝統、生活習慣の継承の機能と経済発展の要求を満たすという2つ役割について述べる。続いて、民族教育および少数民族言語使用の憲法・民族区域自治法における位置づけを確認した上で、規定と実態の乖離について検討を行ない、さらに規定と実態の乖離のあり方が地域によって異なっていることについて指摘する。

第1節　民族教育の定義とその役割

　本節では、多民族国家中国の教育制度全体の重要な構成部分であり、民族工作の重要な対象でもある民族教育の定義や、その役割について述べる。

1.1　民族教育の定義
　多くの近代国家において、学校教育は人々を平等にするシステムであるとの前提のもと、平等な社会を実現するために教育を受ける権利が保障されてきた。多民族国家中国では、各民族に教育を受ける権利を平等に与えるため民族教育を設置し、民族学校を設けている。その民族学校は、少数民族の文化を尊重し、それを維持・発展させる主たる場であり、国民統合の実現を目指した1つの手段でもある。そして、中国における民族教育（少数民族教育）は、中国の教育制度全体の重要な構成部分であり、また、民族工作の重要な対象の1つでもある。民族教育は、一般に漢族以外の55の少数民族に対して行なわれる教育を指しており、中央政府の「民族の平等」政策を基礎として、中華人民共和国の成立時から各少数民族地域

において実施され現在に至っている。民族教育を突き詰めて考えていくと言語教育の問題に突き当たる。すなわち、少数民族の言語と漢語の双語教育が現在の民族教育の大きな課題となっている。

　民族教育の定義については様々な異論や学説がある。例えば、岡本(2008)によると民族教育とは「55の少数民族すべての教育でなければならず、それは民族語で授業を行なうものも、そうでない民族教育も含むし、民族名を冠した学校もそうでない学校の教育も含む。〔省略〕およそわが国少数民族の文化水準（学力や教養）を向上させ、少数民族の各種各クラスの人材を育成する教育すべて民族教育と称されるべきである」という考え方もあれば、「民族語で授業を行なう教育であってはじめて民族教育と呼べる」との異論もある（岡本 2008:99-100）。また格日楽（2006）は民族教育の定義を以下の3つの説に整理している。第一、少数民族言語を教授用言語とした教育を民族教育であるとして、教授用言語を重んずる説。第二、少数民族の学生に対する教育であれば民族教育であるとして、教育の対象が少数民族であることを重んずる説。第三、少数民族区域での教育であれば、民族教育であるとして、民族地域を重んずる説。

　さらに、民族教育に関するこうした定義や学説に様々な問題が残されているとの指摘もある。例えば、自民族言語文字を持たない少数民族の教育問題や漢族地区に居住している少数民族の教育問題をどう扱うかという問題がある。また、漢族学生と少数民族学生の混合クラスが増えることによって、漢族クラスあるいは民族クラスと分ける境界線をどのような基準で引くかという問題も新たに現われている（小川 2001）。

　2002年に開かれた中国教育部主催の「少数民族教育条例」討論会では、その3つの学説にもとづき、以下のような定義がなされた。すなわち、「中国民族教育条例（初稿）にいう少数民族教育は、少数民族と民族地区の教育を指しており、漢族以外の各少数民族に実施する各種形式の教育と民族地区の各級各種教育を含む」という定義である。この定義の内容からもわかるように「中国民族教育条例」においては、民族教育の対象や

範囲、あるいは教育段階などに言及しているのみで、民族教育の内容や教育を実施する際の使用言語などについてはっきりとした規定がない。民族教育といった場合は、教育の対象が誰であるかという問題よりも、むしろその教育の内容が、教育を受ける民族の歴史やことば、文化などに深く関わっているかどうか、また、自己のアイデンティティを確立、保持することを目的としているかなどの側面が重視されるべきだろう。

　中国の少数民族教育は建国当初から、国民統合を達成するための「国民教育」という性格と、民族性の覚醒と保持を内容とする「民族教育」という性格を同時に持っていた（中島 1995:291）との特徴が指摘されているように、国民統合を念頭においた漢語教育やその普及・拡大と、各民族の言語・文化の維持を両立させる教育が中国の民族教育の特色と考えられる。

1.2　民族教育の役割

　日本において民族教育ということばが想起させるものは、在日韓国・朝鮮人やアイヌ民族など民族的少数者に対し、日本社会の同化の圧力に屈することなく、自己のアイデンティティを確立し、維持することなどを目的とし、民族の言語・文化および歴史などを教えることである（岡本 2008:100）。中国では、民族教育に2つの大きな役割があると言われている。その1つは、少数民族各自の言語・文字の使用、維持やそれを絶やすことなく発展させていく。同時に、少数民族各自の歴史、文化、伝統、生活習慣などを維持し、それを次世代に伝えていくという民族文化を継承する役割である。この役割は、各民族の文化に即した教育内容の実施やそれぞれの民族の言語文字を重視することを通して実現される。もう1つは、国民統合の実現を促す役割であり、漢語教育あるいは双語教育の実施とその普及や拡大を通じて実現される。

　建国以前、少数民族の間では自民族の言語・文字で近代的科学知識を身につけることの重要性が認識され、唱えられていたとの指摘がされている。例えば、清水（2007）は、長い歴史過程のなかで宗教を基盤とする

「マクタブ（初等教育）やマドラサ（高等教育）」[1]が実施されてきたウイグル社会では、20世紀はじめウイグル族自身の手による学校教育の普及が促進されたという。また、岡本（2008）によると、中華人民共和国成立当初まで朝鮮族の学校では「朝鮮史」、「朝鮮地理」の授業が行なわれていたが、1953年の国家教育部の指示で「祖国観念を培い、僑民意識を防ぐ」ため取りやめになったという。こうした指摘からは、中華人民共和国成立まで行なわれてきた民族教育は、自民族言語・文化を使用し、それを維持・発展させる役割を果たしてきたことがうかがえる。

　建国後は、民族教育に中国のマジョリティ言語である漢語を導入し、それを普及・拡大させることで国民統合の実現を促す任務が与えられ、「大躍進運動（1957〜1965年）」や「文化大革命（1966〜1976年）」などの歴史的な時期を除いて、民族教育はその役割を果たしてきたと言える。ところが、1984年の「経済体制改革に関する中共・中央の決定」で資本主義的市場経済への移行が認められ、商品経済下の自由競争メカニズムが取り入れられた。こうした経済政策のもとで、学校教育は市場経済発展のための重要な手段として位置づけられ、学校教育からの経済効果が期待され、人的資本の育成が求められるようになった。このような経済政策によって人々の教育観、人材観、競争観も変化し、社会のニーズに応える教育を求める個人が増加し、少数民族教育にも影響を与えた。現在は、教育関係者や一般庶民の間で、族際語（各民族に通用する言語）である漢語レベルさえ高めれば、経済開発にともなう各領域での革新や必要とする人材ニーズに適応できるという考え方が強まり、民族教育における経済的な人材育成の

---

[1] 「マクタブ」とは、アラビア語で学校を意味しており、トルコ系ムスリムが通う初等教育施設である。マクタブは子どもたちにアラビア語やペルシア語の読み書き、文法、コーランの朗読のようなイスラーム知識を教えるために使用されるが、その他の実践的、理論的な事柄に関しても教育を行なう。「マドラサ」とは、アラビア語で「学ぶ場所、学校」を意味しており、トルコ系ムスリムが通う高等教育施設である。

役割をより重視し、強調する傾向にある。

　一方、国民統合のイデオロギーも民族教育に反映され、どの民族であっても過剰に民族個別の民族主義やアイデンティティを強調することはあまり好まれない（格日楽 2006）ように、民族教育において各民族の文化的、歴史的内容を重視することはできず、国が規定した民族教育を実施する（普通学校で使われている教科書を民族言語に訳した教材を使用し、民族教育を行なう）ことになっている。学校教育において使用される教科書は、建国以来、国家教育委員会と国家民族事務委員会が執筆、編集し、人民教育出版社により出版されてきた。少数民族に関しては、1980 年に配布された「少数民族の教育を強化することに関するいくつかの意見」において、「民族自治機関では少数民族の文字による教材の編集、出版および検定を強化しなければならない」（『新疆教育年鑑』1991:442）とされ、これにしたがって、各民族自治区域で各自の言語文字による教材編集や発行がなされてきた。しかし、現実に民族学校で使われている教材は、民族の独自の教育内容を含む民族言語などの一部科目の教科書を除いて、原則として普通学校の教科書を翻訳したものになっている。

　また、1989 年の「九年制義務教育全日制初級中学歴史教学大綱（初審稿）」において歴史教科書の選択は可能となり、各省市が現状に合わせて歴史教科書を選ぶようになった。しかし、実際少数民族にも漢族学生と同様の歴史教育が行なわれている。各自の民族歴史に関する知識は、各々の民族の『語文』[2]の教科に若干含まれているだけである。

1.3　教育機会均等と民族教育

　1970 年代、英語圏諸国における移民の教育問題として、言語的マイノ

2　「語文」とは、日本の国語に当たる科目である。少数民族の場合、『ウイグル語文』、『モンゴル語文』、『朝鮮語文』、『カザフ語文』などがあり、個々の民族の歴史、伝統、文化に関する内容をその民族の言語・文字を用いて教える。

リティの児童・生徒が英語を理解できないにもかかわらず英語で行なわれる授業を受けさせられている状況を非人間的な扱いとし、意味のある授業を受けることや平等な扱いを求めるなど、マイノリティの子どもに対して母語を使うことの保障が指摘されていた（末藤 2002:164）。それが 1980 年代になるとマイノリティの児童・生徒にメインストリームへの参加を促し、平等と卓越という 2 つの教育課題を達成することの重要性が指摘されるようになった（同上:165）。すなわち、マイノリティの児童・生徒が自らの母語で教育を受けることだけが平等な教育と限らず、それと同時に英語の習得や学力の向上を通じたメインストリームへのアクセスを保障することによって、彼らの教育機会均等が達成されるという見解が提出されたのだ。

中国では、後述するように公民（人民）の平等な教育権が法的に保障されている。そして、2001 年の「国家教育事業第十個 5 年計画」では、新たに「社会主義教育の公平性と公正性を堅持しつつ、教育に関わる不利な要因に注意を払う」という教育平等の理念が打ち出され、それを教育改革と教育発展の指導思想（導く思想ないしはイデオロギー）や基本的な原則として位置づけた。さらに、教育の普及や拡大プロセスにおいて、都市と農村、各地域、各民族、各階層や民衆はほぼ同様の教育機会を有するという教育機会均等を中国の教育公平のもっとも主要な問題として位置づけている（楊東平 2006:11）。少数民族に対しては、民族語（母語）で教育を受ける権利が保障されていると同時に、少数民族の児童・生徒が自ら普通学校に入学し、漢語で教育を受ける自由も認められ、奨励されている。すなわち、教育機会均等が教授用言語の自由な選択、ないし学校選択の自由にもとづいて目指されていると言える。

本書の対象である「双語教育」は、まさにそうした少数民族に対する教育機会均等のための主要な取り組みとして位置づけられる。中華人民共和国建国当時（1949 年）から民族言語に対する尊重と漢語の普及がともに重視され、現在に至っている。このように、少なくとも理念上は、少数民族

の児童・生徒のために母語で教育を受けられる民族教育システムを用意すると同時に、普通（漢族）学校進学への道も開くことによって、平等と卓越という2つの教育課題の達成を目指す教育制度が整えられている。そのなかで民族教育と普通教育両方の役割を果たす双語教育も実施され、教育の機会均等が図られている。

第2節　双語現象と双語教育

本節では、中国における「双語」現象の概念に触れた上で、双語教育の定義や類型、そして、その研究対象について述べる。

2.1　双語現象

中国では、研究分野の違いによって、双語現象の定義もそれぞれ異なっている。例えば、「多民族国家や地域において、各民族集団または個人がコミュニケーション上2つあるいは多種の民族言語を交替し使用する現象を双語現象」（周耀文 1995:112）という考え方もあれば、「個人あるいは1つの民族集団が2種類の言語を使う現象であり、特に1つの国家の少数民族が主体民族（マジョリティ）の言語を使う現象である」（瞿 2000:269）という考え方もある。また、双語現象は同じ地域あるいは国家に居住し、異なる言語・文化を有する人々の接触や交流によって自然に現われた現象と位置づけられ、言語学研究者の間では「言語兼用」（バイリンガル）とも言われている（袁焱 2001; 何俊芳 2005）。

双語現象は個人的双語現象と社会的双語現象に分かれる。M. F 麦凱（1989）は、個人が自らの母語以外、第二言語を母語と同じレベルで熟知し、どのような場面でも母語あるいは第二言語のいずれかを自由に使いこなすことができれば、それは個人的双語現象であると言う。これに対して社会

的双語現象とは、同一社会において2つあるいはそれ以上の言語集団があり、その異なる言語集団の一部（集団）が異なる程度で2つあるいはそれ以上の言語で交流できる現象をさしている。すなわち、社会的双語現象では、同一社会に2つあるいはそれ以上の言語集団が同時に存在すること、そして、その異なる言語集団に2つあるいはそれ以上の言語を使用し、交流ができる「双語人」（バイリンガル）がいることが必要とされている。この2つの条件を満たしていない場合は社会的双語現象とは言えないという。

現在、中国社会で見られる双語現象は、主に少数民族言語と主体民族の言語である漢語との双語であり、二言語話者は少数民族の人々である。その他、少数民族同士の間の双語現象もある。そして、二言語話者が漢族である、漢語と少数民族言語の双語現象もある[3]。しかし、標準語と方言の二言語使用は「双言現象」と言われており、双語現象と区別されている。双語現象の発展によって民族の間では（個人もしくは集団）自らの母語の使用を放棄し、異族の言語を使用する現象「言語転用（language shift、言語移行）」が生じてくる。それが社会全体の言語移行にまで進むと、その言語が消滅の危機にさらされる。例えば、中国東北地域に居住しているホジェン（赫哲）族、湖南省に居住しているトゥチャ（土家）族、清朝を統治した満族などは、自らの母語を放棄し、漢語使用へと移行しつつある。こうした、少数民族言語・文化の消滅問題に関して「漢語と少数民族言語の自然な接触の結果にとどまるだけの問題ではなく、漢語を主とする学校教育の急速な普及や拡大の影響もある」という指摘もされている（戴慶厦

---

3 近年、新疆では、ウイグル語を勉強する漢族の二言語話者が増えており、漢語とウイグル語の双語現象は以前より多く見られるようになっている。現在、新疆ウイグル自治区内において、新疆大学、新疆師範大学など9ヵ所の高等教育機関でウイグル語の専門が設けられており、ウイグル語を漢語に訳す双語人の育成を目的としている。学生の9割以上が漢族で、数少ないが回族も若干いる。

2004:6-8)。したがって、多民族国家中国では、双語現象は民族間の関係や少数民族の言語使用の権利などの問題と関わりが深いとされている。

2.2　双語教育と双語教学

　中国の双語教育はバイリンガル教育と訳されて使われることが多いが、それは欧米のバイリンガル教育と定義、教授方法、目的などにおいてそれぞれ異なっている。双語教育に関して中国の学術界では様々な異なる定義がなされており、また「双語教学」と区別せずに用いられてきた。

　本来、双語教学とは、母語である第一言語を教授用言語とし、漢語を第二言語とした二言語教育を指していた。その漢語を第二言語とする双語教学を早い時期から実施した地域や民族集団もあれば、比較的遅れて実施した地域や民族集団もあった。こうした地域間あるいは民族間における双語教学の導入の時期的ズレは、その普及・拡大に大きな影響を与えたのである。つまり、双語教学を早い時期から導入した地域では、漢語は第二言語の位置づけから次第に教授用言語としての位置づけへと移行し、双語教学という術語が「双語教育」へと改称されたのである。教育現場では、地域によって従来の双語教学が実施されている民族学校もあれば、漢語を教授用言語とする双語教育を実施している民族学校もある。また、教育の実態を取り上げる研究者の間でも対象地域がそれぞれ異なるため、両方の術語が区別されずに用いられる傾向があった。

　滕星（2002）らは、これまで混用されてきた双語教育と双語教学の概念や学説を整理し、以下の6つの点にまとめ、その上で、双語教育と双語教学をそれぞれ異なる概念として定義づけた。

①「過程説」
　この説は、双語教育における2種類の言語教育の有機的な組み合わせの重要性を強調している。すなわち、一定の教育段階において、学習者に母語（民族語）と第二言語（漢語）教育を同時に行ない、2種類の言語使用

ができるようにする教育が双語教育である。そして、母語と漢語の二言語を機械的に組み合わせることではなく、2つの言語教育が同時に行なわれる。したがって、2種類の言語の関係性において、どちらかの言語に偏らないように、教育計画を立て実施するようにする。しかも、民族学校の教科学習に2つの言語を合理的かつバランスよく組み入れ、民族教育にマイナス影響を及ぼす偏った双語教育を避けるなど「双語教育」ということばの持つ意味を具体的に解釈している。

②「体制説」
　この説では「双語教学とは教学体制のことである」という。すなわち、少数民族学校において少数民族言語と漢語・漢文化の教科を計画的に設け、「民漢兼通」の達成を目指す教育体制が双語教育であるという論調である。

③「方法説」
　この説では「双語教学とは教育方法のことである」という。すなわち、漢語ができない少数民族児童・生徒を対象に、彼らの母語と漢語の二言語を用いて授業を行ない、彼らが教育内容を正しく理解し、いち早く漢語を覚えるようにサポートする教育方法を指している。

④「体制与方法説」
　この説では「双語教学とは教育方法だけのことではなく、教育体制のことでもある」という。すなわち、少数民族の児童・生徒に母語と漢語の二言語を同時期に教える。第二言語（漢語）教育を実施する際、教師が児童・生徒の母語あるいは彼らがよく知っている言語を用いて授業を行なうことによって、第二言語の学習効果を高められるという。

⑤「目的説」
　この説によると、「双語教学とは、少数民族の小中学校で少数民族言語・

文字と漢語・漢字の二言語・文字を計画的に教育媒体とする教育システムである。その目的は、専門的かつシステマティックな教育活動を通して、少数民族の児童・生徒の漢語運用力、思考力、表現力を高めることであるとする。高度な漢語能力の達成によって、民族文化の継承や発展が可能となり、各民族の共同な繁栄と発展が実現できる」と考える。

⑥「課程説」
　この説によると、「双語教学とは2種類の語学教育を指すのではなく、少数民族学校で民族『語文』と漢語『語文』を同時に設け、次第に漢語を用いて教科教育を実施する教育スタイルを指す」という。

　このように研究者の間では、中国の「双語教育」や「双語教学」に相応しい定義を教育体制、教育目的、教育方法論など様々な視点から探ってきた。最終的に、2002年に中央民族大学の滕星・王軍（2002）主編の教育人類学研究シリーズ第1冊『20世紀中国少数民族與教育』において、双語教育と双語教学はそれぞれ違う概念として定義された。滕星らによると、「双語教学は双語教育の構成部分であり、母語と第二言語の2種類の語学教育を意味する」という。これに対して「双語教育は2つの言語を教育媒体言語とする教育システムであり、そのうち1つの言語は常に必ずしも児童・生徒の第一言語（母語）ではない」と2種類の言語を用いて実施する教育が双語教育であるとしている。
　しかし、この定義にもまた議論の余地があるように思われる。なぜならば、「双語教育とは広く2種類の言語を教育媒体言語（教授用言語）とする教育である」とすれば、1つの教科を2種類の言語で行なうか、あるいは、教科別にその教授用言語を決めて行なうか、その基準は曖昧である。そして「そのうち1つの言語は常に必ずしも児童・生徒の第一言（母語）ではない」とすれば、教授用に用いられる言語は母語になるのか、それとも第二言語になるのかも不明確になる。このような教授用言語の曖昧な位置

づけは、中国の双語教育研究の1つ課題であるともいえる。したがって、本書ではひとまず滕星（2002）らの広義の定義に従って論を進めていくが、筆者自身は「双語教育における教授用言語は児童・生徒が熟知している言語であるべき」という基本的な考えに立っている。

2.3　双語教育の類型

　これまで実施されてきた双語教育の類型は地域や民族集団の違いによって異なっていたが、基本的には2つのタイプにまとめられていた。1つは、小学校の高学年から漢語を1つの科目として設け、民族言語を教授用言語とするタイプ。もう1つは、小学校の低学年では、民族言語を補助的言語とし、高学年になるにつれ漢語を教授用言語とするタイプである。いずれもまず民族言語・文字を身につけさせた上で漢語教育を設け、2つの言語とも同じレベルまで修得させる「民漢兼通」の達成を目的としていた。しかし、近年の双語教育は主体民族の言語文化を少数民族の人々に伝え、それを受け継ぐことによって民族の発展を促進し、個人の和諧発展も促す（王嘉毅・呂国光 2006:148）と双語教育の目的に大きな変化が見られる。双語教育の目的の変化にともない、その類型も変わっている。王嘉毅ほか（2006）によると、現在は以下の3つのタイプの双語教育が行なわれている。しかし、ここでも「双語教育」と「双語教学」を同じ概念として扱っているため、以下誤解を避けるため「双語教育」に統一し、用いることにする。

　①「保存双語教育模式」
　このタイプの双語教育では、少数民族の児童が入学前は民族言語（自らの母語）を使用し、入学後は一部分の教科（音楽や芸術系および社会科学系の教科）は母語を用いて行ない、一部分の教科（技術・理数系の教科）は母語ではない主体民族の言語（漢語）で行なわれる。これは、学校で少数民族の子どもたちが自らの母語を教授用言語として使用し、二言語を充分に使用できるようになることを目標とするものであり、「維持型バイリンガル

教育」（ベーカー 1996:194）に相当する。内モンゴル、青海省と甘粛省（モンゴル族を対象）、新疆（ウイグル、カザフ、キリギズなどの民族を対象）、チベット、青海省、甘粛省と雲南省（チベット族を対象）などの地域では、このタイプの双語教育が実施されていている。

②「"浸透、整合、思維"梯進式双語教育模式」
　このタイプの双語教育では、少数民族児童の入学後の使用言語を次第に漢語のみへと移行させ、漢語で交流や思考ができるようにすることが教育の目的である。その目的を3段階に分けて実施し、達成させる。
　まず「浸透段階」では、小学校一、二年の低学年段階では民族「語文」の学習と同時に漢「語文」と接触するチャンスを提供する。この段階の双語教育の目的は、子どもたちの双語学習の意識を形成させ、簡単な常用漢語を用いて表現ができるようにすることである。教授用言語は民族語を主とし、漢語を適切に浸透させていく。
　「整合段階」では、小学校の中学年の子どもたちが漢語を聞き取れるようになるにしたがい、次第に漢語を教授用言語とする。この段階の双語教育の目的は、子どもたちが授業の内容を漢語で表現できるようにすることである。教師は授業中に漢語と民族語を整合し（授業中に漢語と民族語を両方とも適切に使用すること）、主要言語と補助言語との区別を付けずに、二言語を切り替えて用いることにする。
　「思維（思惟）段階」では、小学校高学年およびその後の教育段階においては、すべての教科の教授用言語を漢語にする。その目的とは、子どもたちの漢語による思考力を育て、彼らが漢語の環境内で勉強や仕事および生活ができるようにすることである。この段階では、漢語を主な教授用言語とし、民族言語を補助言語とする。
　これは、少数民族の子どもたちがある程度の漢語能力を身につけるまで、母語を教授用言語として使用し、その後、次第に漢語を用いて授業を行なう。このタイプの双語教育の目標は、子どもたちの母語の使用を減らし

ながら漢語の使用を増やしていくことであり、「移行型バイリンガル教育」（ベーカー 1996:186）に相当する。

③「沉浸式双語教育模式」

これは世界中の多くの国々が導入し、双語教育を成功させたと高い評価を得たカナダのバイリンガル教育から導入したタイプであると言われている。このタイプの双語教育は、多くの普通学校でも実施され、一応の成果を収めたとの報告が出されている[4]。このタイプの双語教育では少数民族の子どもたちが、入学の時点から漢語を用いて授業を受け、漢字の勉強をする。二、三年後は、教授用言語に同じく漢語が使用されるが、子どもたちの母語教育を取り入れるようにする。小学校の高学年には母語教育の比重を漢語教育と同等なレベルまで引き上げる。

このタイプの双語教育は、少数民族の子どもたちが入学時点から家庭で使っている母語と違う漢語で授業を受けるということであり、「サブマージョン教育」（ベーカー 1996:184）に相当する。

新疆においてはタイプ①の双語教育は 90 年代後半まで行なわれた双語教育であり、それ以降はタイプ②の双語教育が実施され拡大しつつある。そして、2004 年からは、幼児教育段階から漢語を中心とする双語教育が行なわれており、これはタイプ③の双語教育に相当すると考えられる。

2.4　双語教育の研究対象

双語教育の研究対象は、少数民族のフォーマルな教育（学校教育）とインフォーマルな教育（家庭教育と社会教育）における民族言語・文化と漢

---

[4]　普通学校で実施される双語教育は漢語と英語の双語である。王嘉毅・呂国光（2006）らによると、「沉浸式双語教学模式」は最初、多くの普通学校で実施された双語教育実験の手本となり、その成果が収められた後に少数民族の双語教育に使用されたのである。

語・漢文化との双語・双文化教育の一般的（普遍的）現象や、その法則を探ることであるとされており、また、多言語・多文化教育もその研究対象となっている（滕星 2002:329）。

多民族国家中国において、双語教育は民族問題の核心である民族言語・文字の使用と維持だけではなく、民族文化の伝承の唯一の公的ルートである民族教育に深く関わっているため、少数民族双語教育研究を中国民族問題研究や民族工作実践の重要な一部分として位置づけている（滕星 2002:335）。繰り返しになるが、現在の中国では少数民族双語教育といった場合は、少数民族の児童・生徒に漢語教育を行なうことを意味しており、「漢語は唯一の族際語であり、双語現象は一般的な社会現象である」と考えられている。そして、民族教育研究者の間では、少数民族双語教育の理論研究やその実践について、「言語同化主義」や狭義の「民族言語主義」を避けるべきだと言いながら、国民統合を目指す「多元一体」（費孝通による「中華民族多元一体格局」論の略称）論にもとづいた言語教育政策にしたがうことが強調されている（滕星 2002:342）。すなわち、「中華民族多元一体格局」論が中国少数民族双語教育の理論と実践を総体的に把握する際の拠りどころとなっている。その内容は以下の3点に集約される。

第一、中華民族は中国の国内の56の民族を包括する「民族実態（56の民族がとけあって形成された中華民族）であり、決して56の民族を合わせた総称ではない。［省略］この民族の実態において、それに帰属するすべての成分（構成要素となる民族集団）は、レベルがより高い民族的アイデンティティ、すなわち利害を共にし、存亡を共にし、栄辱を共にし、運命を共にするという感情と道義を有している。多元一体格局のなかでは、56の民族は基層であり、中華民族は高レベルなのである」。

第二、多元一体格局が形成されるには、分散的な多元が結合して一体を形成していく過程があり、この過程において凝集作業を果たす核心の存在が必要である。漢族は多元的な基礎のうちの1つであるが、彼らこそが凝集作用を発揮し、多元を一体へと結合させたのである。

第三、高いレベルのアイデンティティは必ずしも低いレベルのアイデンティティに取って代わったり、あるいはそれを排斥したりするのではない。異なるレベルは衝突せずに両立して存在することができるし、さらに、異なるレベルのアイデンティティの基礎の上にそれぞれがもともと持っていた特徴を発展させ、多言語・多文化の統一体を形成することができる。よって高いレベルの民族は実質的には一体であり多元でもある複合体である。その間には互いに対立する内部矛盾が存在しているが、その消長や変化によって、絶え間なく変動する内外の条件に適応し、その共同体自身の存在と発展を可能にするのである。

　以上のように「中華民族多元一体格局」論は、中国内の56の民族の文化的多様性を承認しつつ、それを融合し「中華民族」を創り出すことを最終目的としている。双語教育も国民統合を目指した「多元一体」論の道にそって実施され、展開されるために、漢語教育中心となる双語教育の普及や拡大が少数民族の言語文化にどのような影響を及ぼすか、あるいは及ぼしているかなどの問題に関してはいまだに重要視されていないと考える。

第3節　民族教育の法的位置づけと現実

　本節では、少数民族言語使用の憲法・民族区域自治法における位置づけを確認した上で、規定と実態の乖離について考察を行なう。

3.1　制度上の法的保障

　序章でもふれたように、多文化・多言語主義が強調される今日、「共生」ということばが様々な領域において登場しており、少数民族の人々の言語権に対する配慮が指摘されるようになっている。法学の分野において早い時期から言語権の問題に注目している鈴木（2000）によれば、言語権と

は「自己もしくは自己の属する言語集団が、使用したいと望む言語を使用して、社会生活を営むことを、誰からも妨げられない権利」である。また、言語権は「精神の自由の中核をなすという点で、個人権」だが、「現実には言語使用は同じ言語を使用する言語集団のなかでこそ意味を持つのであるから、言語使用はその言語集団のアイデンティティと深くかかわるし、言語権要求は言語集団を通じてなされるから、集団権的性格を持つ」と述べている（鈴木 2000:8-9）。

多様な言語や文化を有する 56 の民族から構成されている社会主義国家中国では、民族教育や言語教育を多言語共生の視点から論じる際、憲法および民族区域自治法に定められている「言語権」が根拠として言及される。その「言語権」は鈴木の見解から見た場合は、中国の少数民族の「集団的権利」と読み替えることができよう。以下では（他の章も含む）、中国の憲法および民族区域自治法で定められている言語使用の権利を「言語権」とし、その法的位置づけと現実との乖離について述べる。

1949 年に制定された「中国政治協商会議共同綱領」およびこれを土台に制定された 1954 年の最初の憲法は、いずれも「各民族はすべて自己の言語文字を使用および発展させる自由を有する」と定め、少数民族言語政策の遵守すべき基本的な理念を明らかにしている。少数民族の言語に対する保障は、公務、教育、訴訟など様々な領域にわたっている。教育に関しては、政務院による「第一次全国民族会議に関する報告書」(1951) のなかで「少数民族教育における言語問題に関しては、現在「通用文字」[5]を持っている民族の小学校と中学校（高校を含む）の各種教科は、必ず自民族の言語文字で教学しなければならない」と規定され、それは「大躍進運動」や「文化大革命」の時期を除き今日まで生き続けている。

現在、少数民族の言語政策では、民族言語に対する尊重と漢語の普及

---

[5]　中国で「通用文字」と言った場合は、規範漢字のことを指している。少数民族の場合は、学校教育や出版物で用いられる文字を指している。

がともに重視されている。例えば、憲法の第4条に「各民族はすべて自己の言語文字を使用および発展させる自由を有する」、第19条に「国家は、全国に通用する標準語を普及する」とある。一方、民族区域自治法では「民族自治地方の自治機関が職務を遂行するときは、当該民族自治地方の自治条例の規定により、当該地域に通用する1つまたは複数の言語文字を使用するものとする。同時に複数の通用言語文字をもって職務を遂行するときは、区域自治を行なう民族の言語文字を主たるものとすることができる」(第21条)として共通語の漢語のみならず民族言語の使用を保障している。

　学校における少数民族言語教育については、民族区域自治法では「少数民族学生を主たる学生源とする学校またはクラスおよびその他の教育機関においては、条件が許す限り少数民族の文字による教科書を採用し、かつ少数民族の言語で教学しなければならない。状況に照らし、小学校の低学年または高学年から漢語科目を設け、全国通用の標準語と標準漢字を普及するものとする」(第37条第3項)と定めている。すなわち、少数民族の言語文字による教育を主として、漢語教育を補充的に行なう方針が明確に示されているのだ。この規定は『中華人民共和国教育法』や2001年の第九回全国人民代表大会常務委員会第二十次会議『中華人民共和国民族区域自治法の改正に関する決定 (関与修改「中華人民共和国民族区域自治法」的決定)』においても変わることなく維持されている。また2000年に公布された『中華人民共和国国家通用言語文字法』では、漢語と規範漢字は全国における通用言語として法的に位置づけられ、同時に第8条では、「各民族は自己の言語文字を使用し、発展させる自由を有する」と改めて強調され、さらに、「少数民族言語文字の使用は憲法、民族区域法および他の法的規定を根拠とする」と補足されている。

3.2　現実にみる法的保障

　以上述べたように中華人民共和国が成立してから現在に至るまで、少数

民族教育は憲法、民族区域自治法および少数民族言語政策において明確に認められ、保護されている。しかし、最近は、制度の理念と現実が乖離し、自治権の形骸化の傾向が目立つようになっている。民族教育において、民族語使用の「権利」が、自治民族および民族自治地方（民族自治区、自治州、自治県を含む）の法廷で主張しうる法律上の権利とは程遠いものであることは否定できない事実である。例えば、近年民族学校においても漢語教育の必要性が強く求められ、漢語教育の導入がますます早くなり、早い段階から母語と同時期に行なわれるようになっている。そして、従来教授用言語として位置づけられてきた民族語が1つの科目へと変わりつつある。

　こうした傾向に対して、民族自治区域における公用語の使用、少数民族の言語選択権、双語教育における教授用言語の位置づけ、民族教育の内容などを含めた「真の民族教育」や「真の言語選択権」を訴える議論もされている。民族地域における民族語の使用について、中国の民族法制を研究している芒来夫（2006）は、「少数民族言語文字に対する有効な保護措置がなく、法律において公用語となっている少数民族言語が、実社会生活においてさえ、その公用語としての地位を次第に失いつつあり、衰退が著しく、その存続が危ぶまれるなど難題が起こっている」と指摘している。また言語に対する選択権について、金光旭（2003）は、「公務、教育、訴訟など社会生活における少数民族言語に係るインフラ整備が充実され、少数民族言語を選択したことによって生じる不利益を最小限に止めるような国家の施策があって、はじめて言語選択権の自由が実現されたことになる」と述べ、「選択自由論の名の下で、社会権的な保障を怠っている」と指摘する。さらに、民族教育の内容に関して、格日楽（2006）は、「民族言語や文字を使用さえしていれば、真の民族教育になるわけではない。民族教育の内容もまた民族教育の維持や発展を左右する重要な部分である。しかし、近年の社会的、経済的、政治的な変化は民族教育の内容にまで影響をおよぼしており、民族教育の内容は各々の民族の歴史、文化、伝統、生活習慣からかけ離れた教育になりつつある」と指摘している。

法律より政治的な規定が優先する中国社会では、国家の教育方針と法律にもとづき自治区の教育計画、学校の設置、学校の形式、教育の内容、使用言語と学生募集を決定する。しかし、上述のように、現在は民族教育に関する自治権が十分に保障されているとはいえなくなっている。そして、少数民族の人々に与えられている「言語権」は、社会主義イデオロギーにもとづく「言語権」（桂木 2003:144）であるため、少数民族の児童・生徒らが教育を受ける上での言語・文字に関する選択権は充分に確保されているとはいえない。

まとめ
　本章では、中国の少数民族双語教育に関わる諸概念やその定義、類型および研究対象を概観し、その上で、中国の民族教育政策について論じた。第1節では、中国の教育制度全体の重要な構成部分であり、民族工作の重要な対象でもある民族教育の定義に関する3つの学説と、その少数民族各自の歴史、文化、伝統、生活習慣を継承させる役割と国民統合を促す役割について述べた。そして、現在の民族教育は漢語を教授用言語とする双語教育を重視することで、民族言語文化の維持や伝承という本来の役割を果たせなくなっている現状に陥っていることについて指摘をした。第2節では、双語現象や双語教育の定義とその類型について述べ、国民統合を目指す「多元一体」論にしたがって実施される双語教育の特徴を明らかにした。第3節では、中国の憲法や民族区域自治法、国家通用言語文字法などにおいては、少数民族言語の使用が十分に保障されると同時に、漢語使用の自由も与えられており、言語権に関する規定が憲法上に定められているという制度上の言語使用権を明らかにした。第2章からは地域を限定し、新疆ウイグル社会における双語現象や少数民族双語教育の実態を見ていく。第2章では、中国の少数民族双語教育に関する政策が地方レベルでどのよう実施されているのか、あるいは中央政府の政策や措置を地方政府がどのように受けとめ、対応措置を講じているかを明らかにしたい。

第 2 章

新疆における双語教育政策の変遷

本章では、中央政府の少数民族言語政策が少数民族地域ではどのように実施されているのかを新疆地域の双語教育政策を事例に見ていく。まず、新疆における漢語教育導入の歴史的背景を整理し、民族語と漢語を同じレベルまで達成させる「民漢兼通」を目標としていた双語教育がどのようなプロセスを経て、現在の教授用言語として漢語を用いる双語教育に取って代わったのか、その変化のプロセスを明らかにする。

第1節　新疆における漢語教育の導入

　本節では、漢語教育が導入された清朝統治時代までさかのぼり、新疆のムスリムを対象とする漢語教育の歴史的背景を探る。つづいて、中華人民共和国が成立してから文化大革命の終結までの漢語教育の制度化プロセスを明らかにする。

1.1　建国以前の漢語教育

　古くから独自の言語や固有の文字を持っているウイグルの人々の教育においては、長い歴史過程のなかで宗教を基盤とする教育制度が形成され、モスクを中心にマクタブ（初等教育）からマドラサ（高等教育）までの教育が行なわれていた。しかし、清朝統治時代になると政府は「義塾」[1]を広く新疆に設置し、現地のウイグル族を集めて漢語を教授し、漢語・漢字教育を導入するようになる。官の命令書や徴税関係の券票にもアラビア文字によるウイグル語の傍注を付けた漢文が用いられた。1880年に新疆全体で37ヵ所に義塾が設置され、1883年に19地区77ヵ所の義塾が置かれ

---

[1] 「義塾」は、左宗棠が新疆のムスリム住民に漢語を教えるためにつくったものである（岡本2008:371を参照）。

た。そのうちウイグル社会に置かれた義塾は11地区50ヵ所を越え、設置数全体の3分の2を占めるに至った。義塾では、『千字文』、『三字経』、『百家姓』、『四字韻語』、『雑字』といった漢語の初学者向けのテキストが使用され、さらに『孝経』や『小学』の通読も行なわれ、漢語の読み書き教育が進められた。また、漢語・ウイグル語対照語彙集とも言える『漢回合壁』も編纂された。これはウイグル語対訳漢字表記とウイグル語のアラビア文字表記を列挙したものであった（片岡1991:203）。さらに、新疆では清朝の新政を担う人材を養成する近代的学校として「学堂」[2]もつくられた。しかし、義塾と同じく、ムスリムの学生たちに対してはコーランにかえて儒学書が、アラビア語・アラビア文字にかえて漢語・漢字が、アッラーにかえて孔子崇拝が要求された。ウイグルの人々のなかには、入学を促されると隠れてこれを拒否した者もおり、富裕者のなかには自分の子どもの代わりに貧民の子弟を雇って身代わり入学させる者までいた（片岡1991:202-205）。

　1903年に清朝は本格的に近代教育の普及の方針に乗り出した。新疆における教育の普及は、人口の大半を占めるイスラム教徒の就学に関わっているためそれに適した一連の方針[3]が立てられた。しかし、1908年から再び初等小学堂に代わって漢語の普及教育機関の中心として漢語学堂が設置された。教育普及の行き詰まりをウイグル族の「言語不通」のためとし、その打開策として漢語・漢字の教育を導入したのである。片岡による

2　「学堂」は、新朝の新政を担う人材を養成する近代的学校を目指してつくられたものである（岡本2008:371を参照）。

3　新疆において近代教育の普及方針とは、「ウイグル族の教化についてその礼俗を変え、宗教を改めることが今日の急務ではないとし、ウイグル語を重視し、師範学堂・法制学堂・中学堂の生徒に学習せしめる。かつて義塾でみられた、教師が生徒に暴行を加えるようなことを厳禁する。もし違反した場合は、厳罰に処する。学生には、徭役の義務を免除する。纏師範学堂を設け、ウイグル族指導者を養成する」（片岡1991:310）。

と、当初の基本方針はウイグル語教育の完全な放棄・転換であったが、ウイグル＝イスラーム社会の否定につながる漢語教育は、民衆の抵抗のもと、見せかけの従順として終わったようである。成崇徳（2002）は、これを以下の 3 つの原因にまとめている。すなわち、①学校の多くは政府がつくり、経費を調達するのが困難であった。②教員の質が低く、能力がその任に堪えないものが多い。③教育は漢語・漢字の普及を中心に行ない、新疆ウイグル地域の民族特徴には合わなかった。これらの結果として人々の抵抗を受けたと指摘した。

　清朝崩壊後、新疆トルコ系住民のなかで、トルコやロシアから教師を招聘し、帰還留学生を教師にむかえ「新方式」[4] の学校教育を推進する動きが現われた。そこではトルコで学んだ教師たちがイスタンブールの学校プログラムを用いて教育を行ない、ロシア語や漢語も教えていた。包爾漢（1984）によると、この新方式教育では「共通トルコ語」による教科書を用いて、読み書き、イスラームの知識、数学、理科、歴史、地理、ロシア語などが教えられていた。この時期にも漢語教育が進められていたが、それはあくまで科目としての漢語教育であり、新疆社会でその実用性はそれほど高くはなかった。また、当時少族民族教育の重点は政治や行政における幹部の養成を主としており、実施された漢語教育は民間においてほとんど広がることはなかった。

1.2　建国から民族政策の回復までの漢語教育

　中華人民共和国が成立（1949 年）後政府は、1956 年に北京語を母体と

---

[4]　岡本（2008）は新方式の学校教育が始められた時期について、「『新疆教育年鑑』（1991）では、新疆の近代学校は 1907 年、新疆提学史の杜彤が各道の義塾を両等小学堂に改めるよう命じ、各種の実業学堂や語学学堂、識字学塾、法政学堂、中俄学堂、初級師範学堂を建てた時に始まると記す。だがそれは、新疆省の漢人や満州人などの近代教育の始まりであって、トルク系ムスリムによる主体的な民族教育の始まりとはいえまい」と述べている。

する共通語を制定し、小学校段階からの徹底した普及活動に着手する。少数民族地区では、共通語普及の条件が整っているところから漸次当該少数民族語と並行して共通語の授業が小学校から開始され、各民族学校においては、民族言語で授業を行なうと同時に、漢語を1つの科目として設けた。

新疆では、1950年に人民政府が「新疆の教育改革に関する指示（関与目前新疆教育改革的指示）」を出し、漢族中学校では選択科目としてロシア語またはウイグル語を設ける、民族中学校では選択科目として漢語かロシア語を設けることを提起した。また、1954年教育庁の民族政策の実施に関する報告でも漢族学生はウイグル語を、少数民族学生は漢語をマスターすることの重要性が同時に強調されていた（欧陽志 2008）。そして、1956年の第二届中等教育会議において、初めて少数民族中学生を対象とする漢語教育の導入とその具体的な計画が出され、漢語教育が中学からスタートすることになる。会議では、中学校段階で週に4～6時間程度の漢語教育を実施し、生徒らに2500字程度の漢字を学習させ、簡単な会話や通俗的な読み物が読めるようにするという教育の目標が立てられていた。高校の段階では、さらに2000字を学習させ、基本的な科学述語や漢語の固有名詞を身につけさせ、漢語で一般的な文書の記述ができるようにすることが目指された。また、高校卒業で4500字の漢字を覚えさせ、大学に進学後は漢語で受講でき、漢字の教科書で学習できるように計画的な漢語教育を実施することが定められた。その後、大躍進政策や文化大革命の影響により、少数民族政策を実施する部局が廃止され、少数民族語による教育、少数民族語で書かれた教材、翻訳編集部局、民族教育事業なども中止された。

文化大革命後、教育部と国家民族事務委員会が共同でまとめた「少数民族教育政策の強化に関する意見」が中国共産党中央委員会で認められた。そこでは、民族地域の発展と近代化には大量の人材が必要であることが強調された。この時期の少数民族教育政策の中心は、国民統一のための少数民族幹部養成から、経済復興のための技術者の養成に移り、少数民族教育が再び強調されるようになったのである。しかし、この時期においては、

ウイグルの人々の漢語教育に対する意識がまだ低く、政府も漢語教育より民族教育の回復に力を入れていたため、漢語教育の拡大やその成果はほとんど見られなかった。

第 2 節　改革開放後の双語教育

　本節では、文革後の新疆の民族教育における漢語教育の定着とその普及や拡大プロセス、そして漢語を教授用言語とする双語教育に至るまでの経緯をたどる。

2.1 「民漢兼通」を目標とした「双語教育」

　新疆における双語教育（当時は双語教学）は、文化大革命後に本格的に実施されたものであり、それまでは上述したように 1 つの選択科目としての位置づけであった。文革後（1977 年）は、漢語教育をスタートする学年をさらに引き下げ、小学校三年から導入し、民族学校では漢語以外の語学の授業は設けないことにするという大きな変化が見られた。1978 年には中国教育部によって全国的に統一された新しい学制が確定されたのを受け、新疆で漢語は民族小中学校における重要な基礎科目として位置づけられ、民族学校で本格的な漢語教育が開始されたのである[5]。それと同時に、漢語教育を定着、強化させるための政策と具体的な学習目標が設定されるようになる。例えば、包爾漢（1984）によると、新疆教育庁は漢語の授業要

5　1978 年に新疆で開始された漢語教育は全新疆的ではなかった。王振本（2001）によると、県鎮レベル以上のすべての民族小中学校においては（四年生からスタート）1985 年に、県鎮レベル以下の全日制民族小中学校では 1990 年までに漢語教育を始めることを計画していたのである。

綱をつくり、新たに小学校から中学校までの 7 冊の漢語教科書を編纂し、1981 年に公布した新疆の民族小中学校（高校も含む）教科課程では「小学校四年生から高校まで漢語の授業を設け、児童・生徒に 2000 字程度の漢字と 3500 字程度の単語、熟語を習得させる」よう指示していた。

そして、1982 年に「民族小中学校（高校も含む）の漢語授業の強化に関する意見」を配布し、民族語と漢語を同じレベルにまで達成させる「民漢兼通」と「10 年以内に漢語の難関を突破する」との目標を提起した。1984 年には新疆共産党委員会が「民族学校における漢語教育の強化に関する意見」を提出し、以下の具体的な意見を示した。①小中学校の教育段階を通じて、少数民族の児童・生徒に漢語で聞く・話す・読む・書く・訳す能力の総合的な訓練を行ない、高校卒業までには 3000 字前後の常用漢字と 5000〜6000 語の常用単語を身につけること、大学では直接漢語で授業を受けられることが求められた。②全日制学校では「民漢兼通」を漢語教育の基本方針とする。まだ漢語の科目を設けていない地域あるいは学校では、時期を分け、クラス別に徐々に小中学校で漢語の科目を設ける。すなわち、1985 年までは県鎮レベル以上の民族小学校では四年生から漢語科目を設け、1990 年以降は県鎮レベル以下のすべての小学校で四年生から漢語科目を設ける。新疆教育庁は漢語教員の研修や養成に力を入れ、教員問題を解決する。③普通学校へ入学した少数民族学生には、民族語の授業を加え、「民漢兼通」を堅持する。④漢語教育に関する行政の関心や支持を高め、漢語教育を主要研究対象とする教育研究所を建設する（欧陽志 2008:6）。また、同年に漢語が中国の主体言語であることと、各民族集団のコミュニケーションの道具であることも強く指摘された。

翌 1985 年に新疆教育庁が配布した「五年制小学校における一部の教科計画の調整に関する通知」では、城鎮（都市と農村部にある町）の民族小学校は当年の新学期に四年生から必ず漢語科目を設ける、農牧地域の民族小学校では 1987 年に漢語科目が設けられる条件を整えるよう指示された。そして、1987 年に、自治区政府の元主席 Tomur・Dawamet（鉄木尔・达瓦

買提）が自治区教育事業に関する会議で、「民族学校における漢語教育を強化および改革することは、民族教育の発展や民族素質の向上、新疆のさらなる発展につながる戦略的措置である」と双語教育の方策をはっきりと示した。

　こうした、漢語教育重視の政策がとられるなかで、第二言語あるいは1つの科目としての漢語教育を「双語教学」とする言語学的な研究がスタートし、「双語教学」という用語が教育関係者や研究者の間で定着し始めた。

2.2 「双語教学」から「双語教育」へ

　新疆ウイグル自治区人民政府は1989年に漢語教育を政府工作（政府の仕事）の議事日程に入れ、漢語教育が新疆の教育を発展させ、少数民族の素質を高めることに大きな役割を果たすことを再び強調した。こうして、民族教育において漢語教育重視の傾向がさらに強まり、新たな段階に入ったが、当時の双語教育はあくまでも科目として意識された「双語教学」であった。しかし、1987年に自治区政府は「教育科学'七五'重点計画」として「新疆少数民族児童双語学習研究」という課題を打ち出した。この課題は本来、中国児童発展センターによる国連児童基金の研究プロジェクトであり、新疆の「七五」重点計画に組み入れ、教育庁、新疆教育学院、新疆大学、ウルムチ市赤旗幼稚園、第二十小学校がその課題を共同で引き受けることになった。その目的は、少数民族教育の発展に大きく影響を及ぼすであろう漢語教育に焦点を当て、少数民族学生が漢語を学習し始める年齢を引き下げることによって、小中学校の漢語レベルを高めることであった。この課題は、2つの段階に分けて実施された。第1段階は、1987年9月から1989年9月にかけてウルムチ市赤旗幼稚園と第二十小学校を実験校として行なわれた。この段階では、主に計画の策定、環境と条件の改善、教材の編纂などが中心に行なわれた。第2段階は、1989年10月から1992年9月まで行なわれた。この段階で、幼稚園においては漢語の簡単なフレーズづくりから複雑な語句、または短文づくりまで練

習させ、子どもたちの会話能力を高めた。小学校では、一年生と二年生を対象に週2時間程度、1年に136時間の漢語教育を行なった。その中心は、子どもたちの会話練習であり、そのなかではウイグル語と漢語が同時に使われることが重視された。

　この実験に関する研究報告では、「実験クラスの子どもたちの漢語能力と知力は平行クラスの子どもたちよりはるかに高く、漢語による母語へのマイナス影響も見られない」(王振本 2001:34-38)と実験の成果が高く評価され、実験を広げる方針が出された。そして、その成果を踏まえ1992年に、民族教育の質を高め、東部や沿海地域の各大学に多くの少数民族学生が入学できるようにするため、理数系の科目は漢語で行なうという「双語実験班」の試みが新たに実施された。これが新疆において漢語を1つの科目とする双語教学から漢語を教授用言語とする双語教育への転換のきっかけとなったと言える。

2.3　「HSK」の導入

　1995年に少数民族の漢語レベルを測る「HSK（中国漢語水平試験）」という試験制度を導入し、公務員、教員、学生別に合格ラインを設定した。「HSK」は母語が漢語ではない少数民族あるいは外国人に対して行なわれる、国家教育委員会が北京語言学院に委託して作成される漢語能力試験である。1984年から中国国内でスタートし、また、1991年には日本、シンガポール、オーストラリアの3ヵ国において海外での「HSK」が始まった。2008年現在、中国国内を含め34ヵ国、100以上の試験会場で「HSK」を実施している。新疆においては、1995年新疆工学院（2001年から新疆大学に合併）、新疆経済学院（現在の新疆経済大学）などの大学で、漢語教育を改革し本来の試験制度を変え、「HSK」模擬試験を実施した。翌年の6月に自治区初の「HSK」を行ない、各大学から1500名余りの少数民族学生が参加した。当時、少数民族の新入生たちは、大学に入学後、直接各学部

に入るのではなくて「預科」[6]において、新疆の各大学の学部に入る者は1年、「内地」[7]の大学に行く者は2年、医学大学へ入学する者も同じく2年間かけて漢語を勉強し、「HSK」の4級に合格した後、各専門の学部に入ることができた（以下「入系」と記する）。不合格者は留年となり、もう1年間漢語を勉強し再度「HSK」を受けるが、再び不合格となると退学するか、3年目の漢語教育を終わらせてから短大の資格を得て卒業するかのいずれかを選ぶことになっていた。

　2009年現在、「HSK」は新疆の各地に広く普及し小中学生も受験するようになっている。公務員や各種資格試験などでも「HSK」は要求されているし、少数民族の教員に対してはさらに厳しく要求されている。小学校では6級以上、中学校では7級以上、大学では8級以上、漢語を専門にしている者は上級の11級に合格することが求められている。また、「自治区1998年普通高等学校中等専業学校招生規定」によると、少数民族学生の「HSK」成績と入試を連結し、「HSK」の3級に合格した者の入試成績に5点、4級に合格した者に10点、5級に合格した者に15点、6級以上に合格した者には20点をプラスすることになっている。

　2004年夏の調査において、「新疆大学」では「HSK」について新しい制度が実施されていた。そこでは、新入生の模擬テストで「HSK」の8級に合格し、数学・物理・化学など理数系の成績が60点以上であれば「預科」を免除される。「入系」に必要なレベルは4級から5級に上がり、6級に合格した者には大学から「漢語学習が修了」したという証明を出すようになったのである。大学の教員については、民族学校を卒業した者

6　「預科」とは、大学に進学する民族学校出身の学生、大学入学後、専門過程に進む前に1年間ないし2年間の漢語教育を受ける予備的教育課程を指す。
7　本書において「内地」とは、新疆以外の土地、主に漢族が居住する北京、上海などの地域のことを指している。これに対して新疆を表わす語彙として「西域」が用いられる。

表1　新疆大学HSK受験者数統計表

日　期 \ 級　別	1〜2級	3級	4級	5級	6級	7級	8級
1999年12月 参加人数：629	95 15.1%	65 10.3%	125 19.8%	132 20.9%	79 12.56%	94 14.9%	39 6.2%
2000年5月 参加人数：2293	186 8.11%	220 9.59%	336 14.65%	448 19.54%	445 19.41%	404 17.62%	254 11.0%
2000年12月 参加人数：648	103 15.94%	75 11.57%	131 20.22%	136 20.99%	72 11.11%	75 11.57%	56 8.64%
2001年5月 参加人数：2417	266 11.00%	250 10.34%	363 15.02%	429 17.75%	462 19.11%	405 16.76%	242 10.0%
2001年12月 参加人数：1229	170 13.83%	185 15.05%	203 16.52%	190 15.46%	169 13.75%	190 15.46%	122 9.93%
2002年5月 参加人数：3485	233 6.69%	300 8.61%	486 13.43%	565 16.21%	729 20.92%	757 21.72%	433 12.4%
2002年12月 参加人数：2407	299 12.42%	257 10.68%	391 16.24%	475 19.73%	506 21.02%	378 15.7%	101 4.2%
2003年5月 参加人数：3457	320 9.26%	243 7.03%	320 9.26%	486 14.06%	687 19.87%	762 22.04%	639 18.1%
2003年12月 参加人数：1945	136 6.99%	122 6.27%	186 9.56%	321 16.5%	354 18.2%	376 19.33%	259 13.3%
2004年5月 参加人数：4115	251 6.1%	246 5.98%	312 7.58%	497 12.08%	791 19.22%	1010 24.54%	1008 24.5%

筆者の2004年8月の調査により作成

は「HSK」の8級に合格することが義務とされ、それを満たさない者には2004年9月から授業する資格を一時停止し、3年以内に指定したレベルに達成することを定めたのである。このように「HSK」の普及は、新疆の双語教育ないし漢語教育を促進する1つの要因となっている。

第3節　西部大開発以降の双語教育

　本節では、西部地域の経済を発展させ、沿海地域との格差を是正する国家プロジェクト「西部大開発」の実施によって双語教育はどのような展開を迎えたかを見ていく。

3.1 「内地新疆高中班」の設置

2000年から、中国政府は内地の北京、上海、天津、広州、杭州、大連、青島、寧波、南京など12の都市の高校において「チベット・クラス」に続いて「新疆クラス」を設け、ここに入る学生の学費・生活費・旅費を全額負担している。これは少数民族地域のための人材育成であると同時に、漢族文化にもなじませるという政府の思惑が込められた少数民族子弟エリート育成政策である。競ってわが子を入学させようとする少数民族の家庭は実に多く、「内地新疆高中班」の入学試験の倍率は50倍に達するほどである。このプロジェクトは、中央政府の西部大開発と新疆発展を支え、有用な人材の養成を促進するための重要な教育的措置であった。募集対象となるのは各地域の優秀な学生であり、80％が農民や牧民の子女である。毎年1000人募集し、全日制方式、四年制で一年は「預科」である。国家財政局は、2000年に「内地新疆高中班」のため8750万元を投資し、第一回目の「内地新疆高中班」に対して450万元を出費した（新疆年鑑2001:278）。

「内地新疆高中班」を設ける目的は、優秀だが経済的な問題で進学できない学生を支援し、また南新疆など漢語教育の質が比較的低いと考えられる地域の学生の双語能力を向上させるためである。これにより、双語現象の地域格差の縮小も目指された。少数民族の保護者や生徒は皆、内地の高校で学ぶことに憧れている。「内地新疆高中班」は、大学入試より難しく人数制限が厳しい。この5年の間、「内地新疆高中班」の定員を各地区や地域で大幅に増やしてきたが、まだすべての要望はかなえられていない。このため現在各地区や地域は、「内地新疆高中班」の定員増や修学期間の延長を要求している。

胡張富（2003）の報告によると、2000年に杭州市のA高級中学校[8]に

8 　中国の学制は6-3-3制で、日本の学校制度とほぼ変わらない。初等教育は日本と同様に「小学」と呼ばれるが、日本において中学校、高等学校と呼ばれ

カシュガル、イリなど 21 の市、県の 38 の学校から 80 人の学生が最初の「内地新疆高中班」として入学した。これらの学生は確かに各学校から選ばれた優秀な学生ではあったが、しかし、A 高級中学校に入学後すべての学生がそこでの勉強にスムーズについていけたわけではなかった。その原因としては、これらの学生のうち民族学校出身の者もいれば、双語実験クラス出身の者や「民考漢」の者もいる。出身学校の学習環境、教育に対する要求、教員の質、学生の学力の差異や格差が考えられる。また、教授言語が母語ではない場合、語学能力の果たす役割も大きいと思われる。語文以外の授業を漢語で学習するのに一定の漢語能力が必要となり、HSK の 8 級に合格したとしても、教授言語が漢語になった場合、それに対応できるより高い漢語能力が必要となる。

　また横堀 (2005) によると、北京のある中学校では学んでいる少数民族のほとんどがウイグル族であり、入学してきたときは 60％の生徒が漢語を話せなかった。「預科」の 1 年間で、漢語レベルを高めると同時に、初級中学での学習の不足を補い、漢族の生徒と一緒に学べるようにした。そして、「預科」が終わった後、14 のクラスに分散し、各クラスには 8 〜 10 人の新疆からの生徒がいるようにしたのである。こうすることによって新疆の生徒たちに、漢語レベルを向上させる環境を与えることが可能となった。しかし、勉強の面では新疆の、特に僻地の教育水準はかなり低いため、重点中学であるこの A 中学校に来た新疆の生徒たちは、最初の半年はついていくのが難しく、教師たちは毎週土曜日に補講の授業を行なっていたという。こうした努力が実って、A 中学校で学んだ少数民族の卒業生は、98％が大学に進学し、そのうち半数は北京の大学に入学したの

る中等教育は、それぞれ「初中（初級中学）」、「高中（高級中学）」と呼ばれる。本書では、「初中」と「高中」を一貫として扱う場合は「中学校」という書き方をするが、必要に応じて、初級中学、高級中学と使い分けもする。民族中学も同様。

である。

　教育部の規定によると、彼らは大学を卒業した後、新疆に還って 5 年間、勤務しなくてはならない。また教育部は、この制度を拡大して受け入れ学生数を毎年 3115 人にし、さらに 2007 年までに 5000 人にする方針で、受け入れる都市も 24 に拡大する予定である[9]。

3.2 「民漢合校」の推進

　新疆の学校形態は、小中等段階から漢語系の「普通学校」、民族語系の「民族学校」、学校内に漢語クラスと民族語クラスが併設されている「民漢学校」の 3 種類存在していた。民族語クラスと漢語クラスは基本的にそれぞれ独自に運営され、独立性が比較的保持されてきた。しかし、2000 年のはじめから、少数民族学生の双語教育に有益な言語環境をつくろうという目的で、普通学校と民族学校の二校を合併し、ひとりの校長により管理運営される「民漢合校」プロジェクトが推進されている。

　「民漢合校」の重点目標は、少数民族学生の漢語レベルを高めることである。その他、校舎や学校整備の合理的使用、教員配置の有効性などが挙げられている。例えば、一部の民族学校では、児童・生徒の人数が少ないため教室が余っている。しかし、普通学校では教室が不足し、クラスによって児童・生徒数が 70 人を超えている場合もある。「民漢合校」はこうした問題の解決にも適した政策であるという。学校整備の問題としても、民族学校では理科の実験に必要とする設備の不足やコンピューターの台数が足りない、語学教育に必要とされる LL 教室が設置されていない、など

---

[9]　2015 年は、16 回目の内地新疆高中班の学生募集があり、希望者は 4 万 939 人、前年よりまた 4000 人余り増えていた。そのうち試験を合格し、採用されたのは 9880 人だった。
　（新華网 http://news.xinhuanet.com/2015-08/09/c_1116191178.htm を参照、2015 年 8 月 30 日アクセス）

表2　新疆ウイグル自治区の言語別の学校数

学校別	学校総数	漢族学校	ウイグル族学校	カザフ族学校	モンゴル族学校	シベ族学校	キリギス族学校	ロシア族学校	民漢合校
小	4,589	921	2,887	228	18	2	71	0	462
中	1,376	438	545	124	9	2	6	0	252
高	454	212	136	25	2	1	1	0	77

内部資料：新疆維吾尓自治区教育庁編（2007）『新疆維吾尓自治区教育統計資料』より作成

の問題も多少緩和されたという。また、民族学校における「双語実験班」の拡大により、漢語を用いて授業のできる少数民族の教員が不足しているなか、普通学校との合校によって、民族クラスの一部の教科を漢族教員に依頼できると言う。

　姜英敏（2002）によれば「民漢合校」により一部学校では、相互の利点を提供、調整することによって、民族学校で長い間解決できなかった学校設備の問題や資金不足等の困難が改善されたという。また、合校後の一部の学校では、理数系の科目を漢語で行ない、人文系の科目は少数民族の母語で行なっている。ウルムチ市は、「民漢合校」を広く実施し、このような教学モデルを普及させることによって、少数民族学生の漢語レベルを高め、彼らが豊富な漢語資料、文献、情報等を迅速に読解し活用できるよう計画している。

　近年は、民族学校と普通学校を統合する「民漢合校」が急速に進んでおり、民族学校が急減している。新疆ウイグル自治区の言語別の学校数をまとめた**表2**を見ると、ウイグル族の民族学校が多く、「民漢合校」は全体として少ないように見える。それは、南新疆などそもそも漢族人口が少なく、普通学校も少ない（地域によって普通学校が存在しない場合もある）地域に合校の可能性が少ないため、数値的に民族学校が多いように見えるからである。例えば、新疆ウイグル自治区の区都ウルムチ市では、すべての学校が「民漢合校」になっており、どの民族の民族学校も存在しない。一方、南新疆のカシュガルやホータン等の周辺地域では、普通学校が城鎮に

しか設置されていないため、田舎の民族学校は合校できない。全体として、「民漢合校」は文化大革命後 44 校まで減ったものの、2007 年には小・中・高を合わせて 791 校にまで増えている。

3.3　漢語中心の双語教育に関する強化政策

2004 年 3 月には、中共新疆ウイグル自治区委員会・人民政府によると「双語教育事業の大幅な推進に関する決定（関与大力推進双語教学的決定）」にもとづき従来の民族語を教授用言語とし、漢語を第二言語としていた双語教育はさらなる展開を迎えるようになった。この政府配布文書の具体的な内容を見てみると、そこには、少数民族小中学校（高校も含む）における教授用言語を次第に漢語へと移行させ、ウイグル語を 1 つの科目とする内容が示されている。そしてこの新たな双語教育の実施プロセスを、以下のように地域ごとに実現させるという計画が立てられている。すなわち、

① 2004 年にウルムチ、カルマイ、石河子、奎屯、昌吉、コルラ、哈密など教育の発展レベルが比較的高いとされている大中都市部では、すべての少数民族小学校の一年生から「漢語」科目（ここでいう漢語は従来の第二言語として教えられてきた漢語ではなく、普通学校で教えられている国語の教科を指している）を設ける[10]。2010 年までにはすべての教科は漢語で行ない、「民族語」という科目を設ける。北新疆と東新疆の各市・県および南新疆の各地域・州、城市においては、2007 年までにすべての少数民族小学校の一年生から「漢語」科目を設ける[11]。2013 年までにはすべての教科は漢語で行ない、「民族語」という科目を設ける。他の地域の少数民族小学校では、2010 年までに一年生から「漢語」科目を設け、2016 年前までにはすべての教科は漢語で行ない、「民族語」という科目を設けるという計画

10　この計画は既に実施されている。2008 年現在、民族小学校においては、算数、理科、自然などの科目は漢語で教えられている。

11　この計画は、筆者が調査を行なったカシュガル市では既に実施されている。

を実現させる。

　②双語教育を促進するカリキュラムをつくり、少数民族児童生徒を高校卒業と同時に「民漢兼通」のレベルに到達させる。

　③民族学校と普通学校の合併（「民漢合校」）を持続的に行ない、5年間の間に普通学校と民族学校が併存する地域ではすべて「民漢合校」とし、普通学校がない地域では民族学校同士の合併（「民民合校」）を進める。

　これらの計画を早急に実現させるため、区都ウルムチ市の教育局が「学前教育（幼児教育）」、「小学校」、「中学校」、「高校」、「教師」それぞれについて具体的な規定や要求を出している[12]。このうち小学校と教師に対する規定を具体的に見ると以下のようである。すなわち、小学校に対しては「2006年秋からウルムチ市すべての民族小学校で三年生の「算数」科目を漢語で行なうという基礎の上で、2007年秋から、民族小学校三年生の「科学」科目を漢語で行なう。ウルムチ県、達坂城区など農牧民小学校では、状況に合わせて一年後までの実施は認める。2008年秋から民族小学校三年生を対象に「民族語」以外のすべての科目は漢語で行なう[13]。2011年秋から小学校の各学年の「民族語」以外の科目はすべて漢語で行なう」とされている。また教師に対しては、「ウルムチ市教育局が年に一度「"双語"教師考核」を行ない、合格者に「"双語"教師合格証書」を授与する。2012年までに「"双語"教師」の資格を持って教壇に立つこと、資格の取得ができていない、あるいは、「"双語"教師」の教壇に立てない者に対して転職させるか退職をさせる」とされている。

12　烏魯木斉晩報「烏市出台双語教学実施意見　今秋小学校民語系三年級科学学科有望使用漢語授課」2007年8月29日、A05。
13　ウルムチ市では、2008年現在、小学校の「算数」、「理科」、「自然」などの科目が既に漢語で行なわれている。今後は、「体育」や「音楽」も漢語で行なうことを目指している。

そして、2005年7月に、「自治区少数民族就学前の双語教育の強化に関する意見（自治区関与強化少数民族学前"双語"教育的意見）」が打ち出され、「子どもが幼いころから双語教育に力を入れ、教員の双語レベルを高めることに力を入れる（从小抓起、从老師抓起）」という方針で幼児双語教育を実施することを決めた。現在は、近年まで幼稚園すら存在しなかった辺鄙な地域まで幼児双語教育が導入され、急速に普及している（第5章で詳細に取り上げる）。このように1950年代に選択科目として位置づけられた漢語教育は、その制度化プロセスによって、教授用言語としての位置づけへと変わりつつある。中国国内の研究者の間でも新疆の双語教育の今後の展開について漢語を教授用言語とする双語教育の普及や拡大とともに第三言語（外国語）教育の導入も予測され、「三言語教育」が実施されると言う[14]。

まとめ

本章では、中華人民共和国が成立した時点で民族教育の中等教育段階からスタートし、第二言語として位置づけられた漢語教育が、時代の要請や新疆政府の漢語教育に関する一連の強化政策によって漢語を教授用言語とする双語教育へと大きく変化したプロセスを3つの時代区分にそってたどってきた。新疆の漢語および双語教育の流れを見てみると、中華人民共和国成立以前は、当時の社会的経済的言語環境における漢語の実用性がそれほど高くなかったということや、教育方針がウイグル地域の民族特徴や宗教的価値観には合わなかったなどの理由により漢語教育は普及に至らなかった。中華人民共和国成立後、すなわち、1950年代はじめには、中学校から漢語教育が導入され選択科目としての外国語教育と同等な位置づけとなった。この選択科目としての漢語教育は文化大革命が終わった後、本格的に実施され、普及や拡大が図られた。1980年代はじめに、漢語教育の方針が、少数民族児童・生徒の漢語レベル高め、民族言語と漢語の二言

14　丁文楼主編『双語教学与研究』第6巻、民族出版社、第449頁を参考。

語を不自由なく使いこなせる「民漢兼通」の双語人材を育てる双語教育へと変わって現在に至っている。ここで注意しなければならないのは、新疆の近年の双語教育はあくまで「双語＝漢語」という意識で、漢語教育だけに重きをおいた教育政策や実践が行なわれている点である。第3章では、双語教育政策の背景となっているウイグルの人々が置かれている社会的言語環境および地域性を取り上げながら、二言語使用の実態を明らかにし、双語現象の特徴を捉えていく。これは、双語教育の実態（第4章、第5章）を明らかにする1つの重要な手掛かりでもあると考える。

第 3 章

新疆社会における双語使用の歴史と地域性

本章では、双語教育政策の背景をかたちづくる人々の言語生活を把握する１つの方法として現地の日常生活に密接に関わる生活空間であるバザールでの言語使用の実態を取り上げ、ウイグル族が多く居住しているカシュガル市およびその近郊地域と漢族が多く居住しているウルムチ市の生活環境や生活実態の違いにもとづきながら二言語使用の地域性や変化等を捉えていく。まず、新疆ウイグル社会全体の双語現象の歴史を回顧し、同じチュルク語系の言語から成り立っていた双語（多言語）現象がどのようなプロセスを経て現在の漢語とウイグル語の双語現象に推移したのかを明らかにする。その上で、近年ウイグル社会（ウルムチとカシュガル）において、（ウイグルの人々にとって）二言語を使用する機会がどの程度開かれているのかを、私的空間・場面（家庭生活）と公的空間・場面および新聞・テレビを始めとするマスメディアなどの利用ごとに見ていく。そして、双語教育の実態を把握し、明らかにする際、大いに参考になりうると考える（ウイグルの人々が置かれている）社会的言語環境や日常的な言語生活と双語現象の関係性を、バザールにおける二言語使用の実態を通して明らかにする。

第１節　多言語社会としての新疆

　第１節では、古くから多言語社会であった「新疆ウイグル」社会の歴史的言語使用状況を確認した上で、近年のウイグル社会における双語現象の特徴を捉えていく。

1.1　建国までの言語使用状況
　双語あるいは多言語現象は、新疆では古くから存在していた。しかし、それはまったく語系が違う言語（例えば漢語）との双語（多言語）ではなく、近隣の言語との双語（多言語）現象であった。例えば、11世紀に Mahmud

Kashgar[1]より編纂された『突厥語辞典』では、アラビア語で突厥語[2]を解釈しており、7500以上の単語が収められている。陳学迅（2001）によれば、この辞典は典型的な「双語工具書」（バイリンガルの参考図書）であり、アラビア人の突厥語の学習や研究に道を開いた。また、アラビア人に対し11世紀の中央アジアに居住している突厥語系民族の経済、文化、生活に関する資料を提供しており、当時の双語（多言語）現象がチュルク語系の言語であったことが予測できる。さらに、新疆の双語教育を研究している張洋（2000）も、隋から清代までの双語（多言語）現象は、チュルク語系の言語を主としていたことを記述している。

歴史をさらにさかのぼってみると、「ウイグル」（当時は回鶻[3]という名称）の人々が仏教を信仰している時代には、漢語を身につけ教典を翻訳した記録も少なからずある。例えば、張鉄山（1997）によると、1285〜1287年の間、仏教文献である『大蔵経』の整理を行なった29人の大師のうち5人が回鶻人であり、彼らは漢語にも精通していたのである。こうした史料からは、ウイグルの祖先である回鶻の人々の間には母語と漢語との双語現象もあったことがうかがえる。しかし、イスラーム教に改宗することによって、ふたたびアラビア語やペルシア語との双語現象に戻る。例えば、長澤和俊（1983）は、カラ・ハン朝によるイスラーム化を物語る史料

1　Mahmud Kashgar（約1008年〜約1105年）チュルク言語学者、カシュガル市オパル郷生まれの人物。『突厥語辞典』は、彼が広く各地を歩き、各地の方言を収集し、1076年ごろバグダードで著わした突厥語・アラビア語辞典である。

2　突厥語とは、6世紀〜10世紀頃新疆の突厥部族が使用していた言語であり、チュルク語系に属する。

3　回鶻（かいこつ）とは、唐代北方のトルコ系部族の名前であり、現在のウイグル族の祖先といわれる。8世紀の中期に一部の突厥人が、現在の北新疆で高昌（トルファンの旧名）回鶻王国（約850年〜1250年まで）をつくったのである。

として『突厥語辞典』と『福楽智慧』を取り上げ、アラビア語がしだいにカシュガル地域に及んできたことを指摘している。また、Ghanizat（2004）は、14世紀の半ばから20世紀初頭までの約600年間続いたチャガタイ語[4]の時期には、イスラーム教の影響を深く受け、当時の有名作家として知られるNawayi、Lutfi、Atayiらの作品もアラビア語やペルシア語をそのまま使用していたという。『チャガタイ語の解釈辞典』と『古代ウイグル文学中の語彙』での記述によると、この時期、チャガタイ語で書かれている作品で使われているアラビア語やペルシア語は1万5000余りであった（Ghanizat 2004:7）。

　前述（第2章）したように、新疆ウイグル社会におけるチュルク語系の言語を主とした双語（多言語）現象は、清朝時代に漢語教育を導入し、それを普及させるために設けた「義塾」や「学堂」の影響を受けず、中華人民共和国成立まで変わることなく維持されてきた。

1.2　建国後の言語使用状況

　新疆では地域の環境や社会的文化的諸条件によって同じウイグル族でも生業形態や生活（言語）環境も異なっている。複数の民族から構成されている社会の場合は、その社会が二言語使用をサポートする傾向があり、社会的双語現象が見られる。逆に、単純な民族構成であった場合、その社会においては母語のモノリンガルであっても日々の生活を送ることができ、個人的な双語現象しか見られない場合もある。いずれにしても、新疆においては中華人民共和国成立後も、ウイグル語は依然として各民族の共通語であって、双語現象もウイグル語とその他の言語の双語としてあった。

　ところが、「改革開放」政策の実施によって、新疆へ移住する漢族がさらに増加し、新疆の民族構成や社会的言語環境に大きな変化をもたらした。

4　チャガタイ語は、中央アジアのチュルク系言語を基礎とし、それにペルシア語やアラビア語の語彙語法を加えた言語である。

地域経済においても漢族の資本家が増え、経済的利益を追求するため漢語の使用が必要となってきた。そして、新疆の各地域の間には、風景、人々の服装、街のたたずまいだけではなく、市場経済の浸透と対外開放の度合いに応じて人々の気風や議論、仕事の進め方にも大きな違いが現われた。こうした、経済的利益に関わる側面や人口学的、社会的言語環境の変化を背景にウイグル語を主としてきた双語（多言語）現象が漢語を主とする双語（多言語）現象へと展開していくのである。そして、日常生活における言語環境の変化は、言うまでもなく人々の言語観にも影響を及ぼし、市場経済で通用しやすい言語を学習する少数民族が増えたのである。

　テレビ、新聞、ラジオなどのメディアの世界にも漢語、漢族文化が深く浸透し、ウイグル文化と密接にからみ合って、人々の漢語聴力や会話力を高めることをサポートし、双語現象を拡大している。例えば、テレビ番組を取り上げると、新疆で一般に視聴できるチャンネルには、中央電視台（中央テレビ局）のニュースチャンネルのほか、新疆電視台（新疆テレビ局）などの地方チャンネルがある。その編成は漢語放送がほとんどであるが、ウイグル語、カザフ語のチャンネルも若干ある。ウイグル語チャンネルにおいては、音楽番組などウイグル文化の雰囲気が濃厚なものも多いが、北京や上海で作られた漢語のドラマ、ニュースをウイグル語に訳したものもある。また、比較的普及しているケーブルテレビを用いて、中央電視台のすべての専門チャンネルやその他各主要都市のチャンネルを視聴することができる。これらはすべて漢語の放送であり、こうしたなかで、若い世代を中心に漢語のテレビ番組を視聴する人々が数多く存在している。

　2004年、筆者がウルムチ市で30代のウイグル族50人（全員民族学校出身、大卒）に対し、日常生活におけるウイグル語と漢語の二言語使用状況に関する簡単なアンケート調査やインタビューを行なった。まず、家庭で使われていることばは全員ウイグル語であったが、しかし無意識に漢語を混ぜて使用しているというのが現実のようであった。よく見ているテレビ番組については、ウイグルの文芸プログラム以外は漢語の番組を選んでい

る人が比較的多かった。その漢語のテレビ番組はすべてのことばを理解しながら見ているわけではなく、画像があるからすべてのことばが理解できなくとも、内容は大体わかるというのが人々の話であった。これに対して、ラジオはウイグル語のプログラムを聞くという人が多い。その理由としては、「漢語のスピードが速いからイメージしにくい。小説ならほとんど理解できるが、ニュースは、やはり難しい」などが挙げられていた。新聞や雑誌などについては、仕事関係でなければウイグル語で書かれたものを読むが、仕事に必要とする場合は、時間をかけて漢語の本を読むしかないという答えもあった。

一方、漢族人口が少ない地域では、漢語との接触が少なく、双語現象はそれほど普及していない。こうした地域では公共の場でもウイグル族の割合が多く、漢族がいるとしても、ほとんどはウイグル語ができる。ウルムチと違って、銀行、郵便局、病院などに行った場合でも漢語ができないと困るような問題はほとんどない。マスメディアではテレビの場合、カシュガル市内では中央電視台、新疆電視台とカシュガル電視台合わせて 44 チャンネルが見られる。市内に居住している人々は、漢語がある程度できる。言語環境は農村とあまり変わらないが、少なくともテレビ番組を通して漢語を耳にするチャンスはある。しかし、市から県、村、郷と周辺地域に行くと、テレビの普及率はまだ低く、テレビなどのメディアを通して漢語を耳にするチャンスも限られている。

新疆ウイグル自治区民族言語文字工作委員会の調査によると、新疆の少数民族は 1000 万人余りであり、その 70%が漢語を十分に理解し運用することができず、自民族の言語と文字のみを使用するモノリンガル現象にあるとの報告が出されている[5]。その調査報告の内容を見てみると、漢語による公文書を読める、漢語を使って仕事についての議論ができる等の、聞き

---

[5] 教育部言語文字応用管理司　言語文字工作簡報　第 6（2002 年 9 月 4 日）http://202.205.177.129/moe-dept/yuyong/jianbao/six.htm を参照。

取り能力と弁論能力が揃っている幹部は郷と鎮では16.54%、それが県レベルでは12.6%に過ぎない。日常生活においては、簡単な会話はできるが漢字が読めない、漢語での報告を聞き取れない県（県レベルの市を含む）レベルの機関幹部は53.41%、それが郷と鎮レベルにおいては42.16%である。ほとんど漢語能力がない県（県レベルの市を含む）レベルの機関幹部は33.83%、郷と鎮レベルの幹部は41.03%を占めているのである。少数民族が集中している南新疆の県、村、郷では漢語を自由に使いこなせる人口割合がさらに低く、幹部もほとんど漢語ができない状況にある。

このように、新疆における双語現象の普及や拡大の様子は、民族構成や社会的言語環境の違いによって異なっている。しかし、近年はこうした違いを超えた共通の双語現象が現われている。以下では、教育の背景をかたちづくる人々の言語生活を把握する1つの方法として現地の日常生活に密接に関わる生活空間であるバザールでの言語使用の実態を取り上げ、二言語使用の地域性や変化等を捉えていきたい。

第2節　漢族集中地域の言語使用事例——ウルムチ市

本節では、漢語話者が多い社会的言語環境に置かれているウイグルの人々の言語使用の実態をエスニックな公的空間であるバザールを事例に捉えていく。

2.1　ウイグル族の商業区

ウルムチ市は、新疆の経済、文化、政治の中心地であるだけではなく、中央アジアの各国に近接し、ユーラシア大陸の東と西を結ぶ文化、宗教、経済の国際的な中継地として注目されている。それはまた47の民族から構成された多民族の大都市であり、シルクロードの新北道の経由地域でもある。新疆統計年鑑（2006）によるとウルムチ市の総人口は、194万人余

りであり、そのうち漢族は 143 万人余りで総人口の 73.7％を占めている。ウイグル族は、25 万人余りで総人口の 13％を占めている。

　ウルムチ市は人民路を境として、南北に 2 つの顔を持っている。北側は中国の東部の大都市とはあまり変わらないが、それに対し南側は、ウイグルイスラーム文化を中心に、顔立ちや服装が漢族と異なる人々の姿が見られ、ウイグルの音楽などエスニックな音楽が聞こえてくる。建物の外観にしても、イスラーム教徒の存在を象徴するモスクをかたどったものが多く、町全体がエスニックな風景になっている。

　この南側の地域には、かつて、ウイグル族の民間経済を支えてきた南門、山西巷、二道橋、競馬場という 4 つのバザールがあった（図 1 を参照）。そこには特産品を経営する店が多く、なかには旧ソ連から輸入されたものもあり、南新疆のカシュガルなどで生産された手作りの品物も多かった。また、ホータンのシルク、絨毯、新疆の各地域からとれたドライフルーツと新鮮な果物など新疆のあらゆる特産品が売られていた。バザールにおける各店の店主は 50 歳代の人が多く、彼らのなかには複数の民族語で商談できる人もいた[6]。

　これらのバザールの歴史を振り返ってみると、新中国成立前、ウルムチ市は人民路を境に漢族が多く居住していた北側は「城内」に、少数民族が多く居住していた南側は「城外」に分けられ、商業区もウイグル族の商業区と漢族の商業区に分かれていた。ウイグル族の商業区は、李天国（2000）も指摘しているように、中央アジアの各都市の経済的特徴が多く見られる南門、山西巷、二道橋、競馬場などのバザールを中心とする「南梁」コミュニティの市場空間を形成していた。李天国（2000）は、ウイグル族の「南梁」コミュニティのエスニック経済をサービス業（貿易活動を

---

[6]　そのいくつかの言語とは、カザフ語、キルギス語、ウズベク語などウイグル語と同じ語族に属している言語を指しており、漢語ができる者はまだ少なかった。

含む)とエスニック伝統手工業に分けて分析しており、エスニック・サービス業については、「漢族のサービス業と異なるものであり、ホスト社会から提供できない独特なサービス・ビジネスである」と指摘している。そのなかで、中国内外の観光客にもっとも人気があるものとして挙げられているのは、伝統手工業の工房などがある二道橋と山西巷である。この2つのバザールの担い手は、漢民族以外の少数民族商人が多く、そのなかでもウイグル族が一番多い。生産者と消費者はほぼウイグル族であったため言語に対する不自由はそれほどなく、漢語の必要性もなかった。

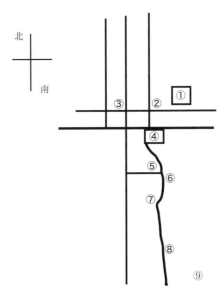

①人民広場 ②大小十字 ③大小西門 ④北南門
⑤山西巷 ⑥国際大バザール ⑦二道橋 ⑧新疆大学
⑨競馬場

図1 ウルムチ市街

　改革開放の実施と経済の発展にともない、バザールを取り巻く環境が大きく変わり、近代的バザール理念と経営方法が新疆にも導入された。特に、90年代に入って打ち出された社会主義市場経済によって中国の大部分の商品の流通は国家の直接コントロールから離れ、市場で自由に流通するようになった。松江ら(1999)によると、1978年、中央政府が計画的に管理していた消費財は391種類あったものが、93年には、指令的計画管理のもとに置かれたのはたったの9種類しか残っていなかった。市場経済における自由流通によって、沿海地域から新疆に来る漢族商人が増加し、新疆の市場を豊かにした。市場経済体制への転換が進むなかで、新疆でも

経済の成長とともに、人々の生活レベルも向上した。それは消費者の意識や行動に著しい変化を及ぼし、消費範囲もバザールを乗り越え、バザールの開放性、近代性を求めるようになった。これまで、山西巷や二道橋などウイグル族が経営しているバザールで買い物をしてきた人々が、大小十字を中心とした漢族バザールへ流れていく傾向が現われたのである。一方、ウイグル族の商人のなかでも漢語がある程度できる者は、早い段階からウイグルの人々に人気がある品物を沿海地域から買い入れたり、あるいは定期的に沿海地域へ通い、卸売市場から直接買い取るなどして豊かになっていった。

　特に1992年から開かれた「ウルムチ市貿易洽談会（ウルムチ市貿易談合会）」により、新疆と内地、外国との貿易交流も頻繁に行なわれるようになった。この談合会によって、新疆の各民族・各社会は、道具としての言語の実用性を重視するようになり、コミュニケーション上もっとも実用性の高い言語（漢語）を主要な学習言語とする傾向が現われた。全世界的にみれば、英語が各国の経済、外交活動および学術交流の主要な言語となっているのと同じである。英語がわからなければ世界の知識体系の外に置かれてしまい、各国の研究成果を吸収することもできない。多民族の国家である中国において漢語は、中国数千年の文化発展と現代社会の発展プロセスにおいてすでに中華民族の共通語になっており、漢語を学び習得することは各地域の社会、経済、文化的発展および個人のキャリア形成、企業やその事業の発展にきわめて重要な役割を果たしている。

2.2　漢族の商業区

　漢民族の商業区は、ウルムチ市の北側にある最大のダウンタウン「大小十字」と「大小西門」を中心とする。ここの漢族の商人たちは、清朝がウルムチを回収した後、ウルムチの経済を建て直すために地方政府の打ち出した措置にしたがって「内地」から入ってきたとされている（李天国 2000:66）。漢族商人が集中しているこの大小十字では、「内地」から各

種の商品が運ばれ販売されると同時に、食品店を中心とした夜市が開かれ、地方の特色ある食品が売られていた。李天国（2000）は、新疆に商売の目的で入ってきた漢族の「八大商幇（八つの商業グループ）」を取り上げ、その歴史的形成を明らかにし、大小十字を二道橋のウイグル族のバザールと対照的な商業区であると指摘している。「この百有余年の間、文化大革命の時期を除いて、ウルムチの大小十字の漢民族を中心とした商業中心地域と、二道橋のウイグル人を中心とした商業中心地域は、ウルムチの二つの特色を形成していた」のだ。バザールと漢族商業区のこのような住み分けは、現地の言語・文化の住み分けともつながっている。

　さらに李天国（2000）は、漢族のウルムチにおける商業活動を孤立したものではなく、現地の少数民族との相互のつながりにおいて捉えている。すなわち、漢族商人と「城外」を中心とする少数民族の商人とは貿易上で様々な連帯が見られるという。具体的には漢族商人により沿海地域のシルク、陶器など多種多様な商品が新疆に運ばれ、一方、少数民族商人により新疆の特産品が沿海地域まで運ばれた。こうした貿易のなかでその時代の民族間関係が成立していたという。改革開放後、バザールで活躍してきたウイグルの人々は、改革開放が進んでいる沿海地域に向かい、地域価格差を利用しながら、広州、上海、北京の品物を新疆に運び入れている。一方、沿海地域からの商人も、新疆の羊毛、駱駝毛、皮、綿花などを沿海地域へ運ぶことにより沿海地域と新疆との商業往来が増え、それとともにバザールにおける言語使用に変容がもたらされつつある。

　また、1992年から開かれた「ウルムチ市貿易洽談会（ウルムチ市貿易談合会）」により、新疆と沿海地域および外国との貿易交流も頻繁に行なわれるようになっている。筆者が調査を行なった2006年は、この談合会が15回目を迎え、中国西部における最大の総合的国際盛会（国際的なイベント）となっており、中央アジア、南アジア、西アジアから数多くのビジネスマンが集まっていた。70余の国や地域から4万5000人のビジネスマンが訪れており、国内の各省、市からは1万余の企業が談合会に参加し

写真1　国際大バザール

ていた。これは、新疆の社会、経済、文化的発展および企業やその事業の発展に大きな期待をもたらし、また、そこでの共通語である漢語は新疆の各民族・各社会において、その実用性や重要性がより高まっている。

さらに、新疆では2000年に始まった西部大開発によって、中央からの経済投資や沿海地域からの漢族資本が増え、漢語を中心とした産業や市場が展開するようになった。例えば、「エスニックマーケット」として知られ2003年に成立した新疆国際大バザールでも、それが新疆の代表的な民族的国際型企業でありながら、そこの商人の6割以上は漢族である。このバザールは、観光客に人気があり、海外からの観光客はもちろん、中国の他の地域からの観光客も非常に多い。ここで商売をしているウイグル族の商人たちのなかには、改革開放後、南新疆から移住してきた者が多く、今でも漢語を自由に使えない。若いころ移住した者は、言語の壁を乗り越えるため漢語の塾に通ったり、あるいは成人教育学院（社会経験を有する人を対象に設けた高等教育機関）で漢語教育を受け、漢語能力を身につけている。彼らは、自民族以外の客を獲得するため、漢語を含めた語学能力の必要性に迫られており、一日の商売が終わった後、夜間に各漢語教育機関に通い、語学のトレーニングに努めている。

以下、バザールにおける漢語使用の必要性や商人たちの具体的な対応の様子を筆者のインタビュー調査から見ていきたい。

事例1　アクセサリーの店舗

この店舗は、新疆国際大バザールの一階にある。経営者は現地のウイ

写真2　漢族にも人気が広まっているエスニックなアクセサリー　　写真3　地元の人々にも大人気

グル族である。彼女は、南新疆のクチャ市で生まれ、小学校に入学する前にウルムチに引っ越してきた。高校卒業後、大学に入学できず、国営の養鶏場に勤めることになった。2002年にリストラされて仕事がなくなり、2003年からここで店を開くようになったという。彼女は、女性に人気のあるピアス、ネックレス、指輪、ブレスレット、ピンなどを扱っており、それと同じ品物を扱っている店舗が一階にはずらっと並んでいた。このコーナーは、観光客にだけではなく、現地の人々にも人気がある。彼女の漢語の能力について聞いてみると、読む力と書く力は弱いが、日常的な会話は不自由を感じていないと答えた。彼女は周りの商人たちからも評価されており、漢語が上手なので自分たちより多く儲けているという。観光客が年々増加しているなか、彼女は漢族の客と交渉する際、特に困ることはないようだが、他の外国語ができないため外国人の客に対応できないということで悩んでいる様子だった。

事例2　帽子やスカーフの店舗

　この店舗も同じく新疆国際大バザールの一階にある。経営者は、カシュガル出身のウイグル族で、30代前半の夫婦である。彼らは3年前カシュガルから移住してきて、この店を開いた。夫は、カシュガル訛りの漢語を話していたが、妻の方は、片言の漢語しかできなかった。筆者がインタ

ビューをしているとき、広州から観光客が団体で入ってきて、ウイグル族の手工の帽子を買おうとした。そのなかのひとりの客がデザインの違っている帽子について彼らに質問をしたが二人とも説明ができなかった。筆者が同じ質問をウイグル語でしてみたら、丁寧に詳しく説明をしてくれた。彼らは、今は観光客が多く、金を儲ける時期であるにもかかわらず、漢語能力が不十分であるため、扱っている品物をアピールできずにいた。また、漢語が自由に使えないため広州や深圳などの経済発展が進んでいる地域に行って、現地の若者たちが欲しがる流行の物を買ってくることもできず、ほとんどカシュガルから持ってきた品物を扱っている。

以上のようにウルムチでは、経済の発展にしたがってバザールを取り巻く言語環境が大きく変わっており、バザールでもイスラーム系少数民族の間で共用語として使用されてきたウイグル語だけでは、多様化する消費者の要求に応えることができなくなっている。沿海地域からの観光客や漢族資本家の増加によって、漢語の実用性がますます高まっており、人々は経済的な利益を得るためには、漢語能力が必要であることを認識し、勉強しようとする意欲を示している。地域社会においては、こうした意欲に応えるために漢語学習の塾が開設されており、大学でも、漢語を含めた語学の夜間コースが開講されている。

第3節　ウイグル族集中地域の言語使用事例——カシュガル市

本節では、ウイグル語話者がもっとも多く、日常的には漢語の使用が必要とされない地域における双語現象の普及や拡大の様子を同じくバザールを事例に見ていく。

写真4　エティガル寺院の前

写真5　エティガル寺院の周辺

3.1　地方都市バザール

　カシュガルも含めて南新疆では、バザールは都市バザールと定期的に開かれる農村バザールがあり、商品取引などの経済的機能を果たすと同時に様々な社会的機能も果たしている。バザールは、その地域の住民の社交の場となっており、1つのコミュニティとも考えられる。バザールに行けば普段は顔を合わせない友人や親戚にも会うことができ、最新のニュースも伝えられる。また、若い青年たちにとっては出会いの場でもあり、娯楽の場でもある。さらに、ウイグル族の伝統的な楽器、紋様が彫刻されている銅器、絨毯、帽子など手工芸品とその技術を次の世代へ伝えていく文化伝承の場としても重要な機能を果たしている。

　カシュガル市のチュマン湖畔（tuman deryasi）の周辺には「中西亜国際貿易市場」という南新疆では最大規模の総合型バザールがあり、4000余りの店舗や食品街が立ち並んでいる。以前、ここは現地の人々が自由に物々交換をする場であったが、改革開放後、一部工芸品も取り入れた商品売買の場となった。辺境貿易経済の成長にともない、1995年に現在の「中西亜国際貿易市場」へと改造された。その後、西部大開発が「中西亜国際貿易市場」に新たな発展チャンスをもたらした。市政府から6000万元余りの資金が投入され、民族伝統をベースにした国際的なバザールとし

写真6　カシュガル中西亜国際貿易市城

て改築され、国内外の観光客の人気を集めている。市場開発サービス会社の話によると「中西亜国際貿易市場」の管理費(各店舗が収める借り賃などを含む)だけで年間収益が400万元余りに達しているという。

　「中西亜国際貿易市場」では、品物は各業種別に分類されており、自動車、大型機械、高級電化製品を除けば、家畜、特産品、手工芸品、日用雑貨、フルーツや野菜など何でもそろっている。ここにいる商人はウイグル族がもっとも多く、漢族も一部いる。しかし、ウイグル族の店舗と漢族の店舗は住み分けられており、扱う品物も違う。ウイグル族の店舗では、エスニックな品物が多く、漢族の店舗では、「内地」から仕入れた日常雑貨が置いてある。このウイグル族の扮装や服装はウルムチのウイグル族とは大きく異なっており、またそこでは、「内地」から入ってきた品物よりもむしろウイグル族固有の品物が販売されており、パキスタンなどのイスラーム文化圏から輸入された物も人気である。これは、イスラーム文化の浸透と、カシュガル地区の地理的な特徴に由来していると考えられる。カシュガル地区の地理的な特徴は経済にも直接影響を与えている。交通の不便さもあり、長い間閉鎖的な独自の生活圏をもっていたため、近年まで「内地」との経済交流はあまりなかった。その代わり、隣国国境に近いという地理的な特徴を活かし、パキスタンやキルギスタンとの経済往来が頻繁に行なわれてきた。筆者は2000年以前にカシュガルを訪れた経験はないが、人々の生活レベルは今よりも相対的に低く、インフラも整っていなかったことは確かである。しかし、西部大開発にともない、西部への交通網も整備されつつある。新疆においては、第二のシルクロードを目指し、新疆南部鉄道をカシュガルから中央アジアのウズベキスタンにまで延長さ

写真7　都市バザールを訪れる観光客

写真8　ウイグルの手工芸コーナー

せることが計画され、空港の拡充工事も始まっている。

　筆者が2006年にカシュガルで調査を行なっていた時期は観光客のもっとも多いシーズンであった。ウルムチからカシュガルまでの飛行機は一日に何便もあるにもかかわらず、筆者が乗っていた最終便はほぼ満席だった。乗客には漢族や外国人が多く、ウイグル族の人はあまり見あたらなかった。外部からの観光客の増加とそれに応える観光開発の進行によって、カシュガル市内では、観光価値があると判断された一部の建物を除いて、それ以外の古い建物は取り壊されつつある。こうした観光開発が結果として、現地の経済発展や都市化を進め、使用言語のあり方にも変化をもたらしつつある。

　カシュガル地区の民族構成から見れば、この何年間は、定住している漢族の割合はあまり変わっていないが、中部や東部からの流動人口が増えている。その流動人口の一部は、農業に従事しており、春に来て秋に帰る。また一部は、商売をやっている。漢族の商人は、前述したとおり、「中西亜国際貿易市場」に多少見られるが、その多くは、環疆街や歩行街に集中しており、町の雰囲気も漢化している。ここには大型ショッピングセンター「環疆貿易城」があり、その店長は漢族であった。しかし雇っている従業員のなかには、漢語のできるウイグル族が多かった。理由を尋ねると、「出稼ぎで来ている漢族はウイグル語ができないため、漢語のできないお客に対応できない」と答えていた。このような漢族資本家の増加は、農業以外の働き口が少ないウイグル族の人々に職を得るチャンスを与えている

とも言えるが、そのチャンスを生かすにはウイグル語に加え漢語を使用できることが必要となっている。

事例3　芸術品の店舗

　この店舗は、ウイグル族の伝統的な手工芸品を扱っており、なかには各種の手作り楽器、玉石、ナイフ、銅で造られた芸術品など美術的価値のある物が多かった。経営者は、20代前半の男性であった。彼は流暢な漢語ができ、玉を買おうとした漢族の観光客に自分の品物を一所懸命アピールしていた。彼は、義務教育を終えた後、父親の商売を手伝い始めたが、現在はひとりでやっているという。漢語の学習歴について尋ねたところ、「学校で漢語を習い始めたときは、それが商売になるとは思っていなかった。カシュガルでは漢族の人が少ないため使う道がないと思って真面目に勉強していなかった。商売を始めてからは必死に勉強した。今は、英語の夜間コースに通っている。もっと大きい商売をするには語学の力が必要だと思う」と語っていた。

　経済開発によって中国各地域からの人の移動が活発化し、ウイグル族のバザール経営にも発展のチャンスをもたらした。それと同時に、長い間変わらなかったウイグル語だけのモノリンガル状況にも変化をもたらした。人々の価値観も多様化し、経済的な利益を求め、積極的に漢語を身につけようとしている。では、このような都市バザールに対して農村バザールは経済開発によってどのような変化をみせているのだろうか。開発の波は、遠い農村まで波及し、それぞれの民族社会に文化的、言語的変容を及ぼしているのだろうか。

3.2　地方農村バザール

　農村バザールは、地元の農民によって支えられている。ハンエルクバザールは、カシュガル市から東南へ約55キロ行ったハンエルク郷の郷政府の近くで開催されている。ハンエルク郷は、イェンギシェヘル県の中心

地から 36.5 キロのところに位置している。総人口は 2 万 2446 人、4200 世帯であり、ウイグル、漢族、ウズベク族などの民族が居住している。そのなかではウイグル族がもっとも多い。この郷には、22 の村委会、1 つの農場、54 の村がある。

写真 9　農村バザールの様子

総面積は、86.8 平方 km、8 万ムーの耕地（1 ムー = 6.667 アール）、6480 ムーの草原があり、農業以外の働き口はない。

　ハンエルクバザールは、毎週月曜日に開催される新疆で二番目に大きい農村バザールであり、年間 35 回開催される。ここには、ハンエルク郷のほか、周辺の 5 つの地域のバザールでの商業許可書[7]を所有する約 600 人の商人が集まる。商人のなかに、商業許可書を持った漢族の商人はひとりもいない。また、ここでは、主に農民の日常必要品が提供されており、都市バザールと違って高級な品物は見あたらない。店を開く空間は場所によって利用費が異なっている。

　工商管理（ビジネス管理）の係の説明によると、郷行政には資金がないためハンエルクバザールはあまり整備されておらず、本来週に一度開催されるはずのバザールが定期的に開催されていない。農村バザールでは大きなお金を儲けるほどの商売はできない。品物も高品質で高価な物は置いて

---

[7] 「商業許可書」とは、ビジネスを始める前に税務署で手続きを行ない、手数料を払ってもらうビジネス許可である。現在は、「商業登記証」という名称に変わっている。バザールで商売をする場合でも税務局の商業登録事務所で手数料を支払い、許可を得る必要がある。許可書を持っていない人がバザールで店舗あるいは屋台を出して係の人に捕まった場合は、バザールから追い出されたり、品物が没収される。

写真10 農村バザールの事務所

いない。農村バザールは都市バザールと違い、観光客は非常に少なく、来たとしてもそれは外部の人ではなく、その郷の親戚や友人を訪ねてきた客で、バザールで金を使うことはあまりない。現地の公務員たちはほとんど県城に住んでいるため、買い物はそこで済ませている。飲食コーナーでは、色々な食べ物が売られていて、商売をしている雰囲気はあったが、他のコーナーでは、商人同士の雑談が多く見られた。

　以上述べたように、観光客の姿も見られない、観光的な価値のない農村部には西部大開発の波は未だに届いておらず、農民の生活レベルは改善されていない。バザールに集まってくる人々もほぼ現地のウイグル族の農民、あるいは近所の郷のウイグル族の農民であるため漢語使用の必要性はない。逆に、ここで生活している漢族の人々には、ウイグル語の使用が必要とされている。農村バザールの調査は、この一ヵ所でしか行なっていないが、そこが新疆で二番目に大きいバザールとして位置づけられていることを念頭において、経済開発の農村バザールへの影響、売り手と買い手がどういう人であるか、そして、バザールという空間で使用されている言語の実態はどうであるかなどについてさらに注目していく必要があると思われる。

事例4　鶏を売る漢族

　工商管理の係は、このバザールには漢族の商人がいないと言っていたが、筆者はそこで鶏を売っている40代前半の漢族の女性に出会った。彼女は、西部大開発が実施された年に四川省から家族でカシュガルにやってきた。主人はウイグル族の人に雇われて畑仕事をしており、17歳の娘は、城鎮の高校に通っている。彼女がウイグル族の老人に鶏を売っている

とき、買い手がウイグル語で「鶏の足がケガをしているから安くして」と要求してきた。それに対して、売り手である漢族の女性は、ウイグル語で「Bolmaydu（できない）」と返事し、「このぐらいのケガはすぐ治る」と漢語で説明を加えた。しかし、漢語のできない買い手には理解できず、同じことを何回も繰り返していた。筆者が彼女に、「ことばと文化が出身地域とまったく違っていて、それに、子どもが通う学校もないこの郷で、生活上不自由は感じていないのか」と聞くと、「最初はことばの障壁が大きく、大変だったが、そのうちウイグル族の文化や習慣などに対してある程度の理解ができ、ウイグル語の聞き取りや簡単な会話もできるようになった」と答えた。娘にもウイグル族の友達ができた。この社会で食べていくために私たちには、ウイグル文化の理解やウイグル族とのネットワークをつくることが欠かせないと語っていた。

事例5　リサイクル業の漢族

　漢族のA氏は、ハンエルク郷で使えなくなっている鉄などを回収し、それをリサイクル業者へ回すという商売をやっている。彼は現地のウイグルの人々に真面目に働く男と評価されている。彼も5年前にここに来たときには、ウイグル語ができずに本当に困ったと語っていた。そのとき彼を助けてくれたのが電力供給の職員で片言の漢語ができるB氏であった。現在でも互いに助け合い、互いのことばを勉強し続けているという。そのA氏も、現在、ウイグル語の聞き取りと簡単な会話はできるようになっているが、城鎮の普通学校に通っている子どもの方が自分より上手だと語っていた。

　以上にように、カシュガルのような地方都市バザールにおいては、漢族の観光客や商人の増加によって、人々のビジネス認識も高まり、これまでバザールの共通語であったウイグル語が次第に漢語へと移行する動きが見られる。その一方、田舎のバザールを見ると必ずしも商売の勝ち負けは漢

語ができるか否かという基準で測られるとは限らない。逆に、そこでのマイノリティである漢族は、日々の生活を不自由なく過ごすために積極的にウイグル語を身につけようとしていた。

まとめ

　本章では、従来、ウイグル語を各民族の公用語として使用していた新疆ウイグル社会で、改革開放や市場経済の浸透にともなう漢族移住者の増加によって、当該社会の社会的言語環境や人々の言語使用状況も大きく変わろうとしている（あるいは変わった）実態を明らかにした。漢族が多く居住しているウルムチでは、家を一歩出ると漢語の使用が必要とされ、エスニックな公的空間であるバザールでさえ商売の成否は漢語ができるか否かという基準で測られるようになっている。これまでバザールの主な営業語であったウイグル語にも漢語が加わり、双語化が進んでいることが明らかになった。すなわち、ウルムチでは新疆ウイグル社会において、本来主流であったウイグル語とその他の言語の双語現象が、漢語とウイグル語の双語現象へと、その枠組みが大きく変わっているのである。しかし、マスメディアの使用を含めた私的空間では依然としてウイグル語の使用が多く、言語使用には「うち」と「そと」の境界線が見られるようになってきている。一方、圧倒的にウイグル族構成比の高いカシュガルではウルムチと違って、家庭、ウイグル族コミュニティ内部、公的場面などで用いられる言語はほとんどウイグル語と言えるほど、民族言語だけのモノリンガル現象が持続しており、双語現象は個人レベルに留まっていることが明らかになった。しかし、近年は日々の生活において漢語との接触が限られていたカシュガルの地方でも漢語は経済的利益や豊かさを手に入れるための不可欠なコミュニケーション手段となりつつある。続く第4章や5章では、新疆ウイグル社会における社会的言語環境の違いや変化が、当該社会の教育（民族教育）とどのように関連しているのか、あるいは影響を及ぼしているのかについて検討したい。

第 4 章

双語教育における教授用言語の変化

第2章で明らかにした新疆地域行政による双語教育政策の変遷過程とその特徴、そして第3章で述べたウイグル社会における双語現象の歴史的経緯および地域性などを踏まえ、第4章と5章では論点を学校教育に移し、新疆の学校教育のなかに導入されつつある双語教育の現状と特徴、課題等を見ていくことにしたい。第4章では、民族教育の中等教育および高等教育段階での教授用言語の漢語化への変化とその現状を取り上げる。次の第5章においては、人間形成および教育の初期段階における民族語（母語）の重要性に関して、初等教育および学前教育段階で導入が始まりつつある双語教育の実態を取り上げる。

　従来、漢語は初等教育から高等教育までの各教育段階において1つの科目として位置づけられていた。しかし、双語教育推進の流れのなかで、まず中等教育段階で教授用言語として漢語を用いる試みが実験的に実施された。続いて、それを受けたかたちで高等教育での教授用言語としての漢語の導入が開始され、現場では様々な課題が現われている。以下では民族学校における教授用言語の漢語への転換が、教育現場において具体的にどのように実施され、またどのような課題等を抱えているのか、新疆の中等教育（高級中学）および大学での双語教育の実施状況を通して明らかにする。

第1節　漢語の教授用言語化の実験——中等教育

　本節では、民族言語・文字を身につけさせたあと漢語教育を導入するという従来の第二言語教育の方針に従い、新疆の民族学校で行なわれた教授用言語に漢語を用いるという実験的取り組みに焦点をおく。そして、この実験がどのような目的で導入され、実施されたか、また実験の成果および課題について明らかにする。

1.1 「双語実験班」の導入

　新疆における漢語教育は、1950年に中等教育段階から1つの科目として設けられ、次第に小学校の高学年から導入されるようになり、80年代の半ばまで高等教育でも1つの科目として実施されてきた。しかし、科目としての漢語教育では、少数民族の漢語レベルを政府が期待していたレベルにまで高めることができなかった。そこで、自治区政府が1987年に、「新疆少数民族児童双語学習研究」を打ち出した。第2章でも触れたように、その成果を踏まえ、1991年に新疆教育庁が「民漢兼通」を実現させるため「実験校」を設置する決定を打ち出した。それが1992年の「新教普字〔1992〕32号公文書」において確認され、その年の9月にいくつかの民族中学校において、民族教育の質を高め、東部・中部地域の各大学に多くの少数民族学生が入学できるようにするため、理数系の科目は漢語で行ない、人文系の科目は民族語で行なう「双語実験班」が導入された。この実験クラスを設ける目的について、当時の教育庁の主任であった努尓提也夫（ヌアティヤフ）は民族学生を対象に、一部の科目を漢語で行なう実験に関する討論会で以下のように語っている。

① 実験クラスの学生の聞く・話す・読む・書くなどの漢語能力を高め、「民漢兼通」レベルの達成を実現させる。高等学校への進学後は「預科」教育を受けず、直接漢語で授業を受けられるようにする。
② 理数系の科目を漢語で教授することによって、教育の質を大幅に高め、普通学校の中レベルに達する、あるいは近づくことができる。
③ 他の学校でも「双語実験班」を設けたり、漢語教育の改革に取り組んだりする際参考になりうる。

　こうした目標の達成を目指し、ウルムチ、チョチェク（塔城）、トルファ

ン三市の中学校（初級中学・高級中学）に実験クラスを1クラスずつ設け、それぞれの地域の中学校（高級中学クラスのみ）から優秀な生徒を選んだ（実験クラスの生徒は合わせて100人）。この試みは、一部の地域の限られた中学校（初級中学・高級中学）でスタートしたが、それは新疆において漢語を教授用言語とする双語教育の出発点となった。また、ここから双語教育が単に漢語と民族語の二言語を用いた教授というだけではなく、双語人材を育てるための教育という意味づけも与えられたと言える。

　この段階では、「双語実験班」のカリキュラム編成や使用教材について具体的な規定がなされていないが、1996年に自治区人民政府が配布した186号公文書にそれが具体的に示された。実験クラスの教材と教授用言語については以下の4点が挙げられている。

① 漢語と語文を除き他の科目はすべて人民教育出版社の修正後の「現行義務教育教材」を使用し、できるだけ漢語系の学校と同じ進度を保持するように努める。
② 実験クラスにも中学一年から英語の科目を設け、漢語系の学校と統一した現行教材を使用する。
③ 語文の教科書は自治区編纂の中学語文教科書を使用する。
④ 漢語の教科書は、自治区の新しく編纂した教科書を使用するか『漢語系列閲読』（張麗娜編、北京言語文化大学出版社）、『橋梁 実用漢語中級教程』（陳 Zhuo 編、北京言語文化大学出版社）、『漢語多功能訓練』（趙国棟編、新疆教育出版社）のいずれかを使用する。

　その後また、実験クラスの従来の目的や達成目標に新たな内容が追加された。それは、①「民漢兼通」の達成を推進し、高校卒業まで、HSK6級以上の漢語レベルに達すること。②生徒の母語レベルが同じ学年の非実験クラスの学生の母語レベルと同等になることを保証すること。③高等教育機関に入学後、勉強をスムーズに進めるため、実験クラスのカリキュラ

ムに英語を取り入れ、英語教育も実施することなどである。

1.2　「双語実験班」の成果とその拡大

　前述したように、まずこの実験クラスは、特定された民族学校で全区から選ばれた優秀な生徒を集めて設けられたことや、優れた専門知識と漢語能力を有する教員を実験クラスの担当にしていることを改めて指摘しておきたい。

　「双語実験班」は民族中学校で中学一年の生徒を対象に実施されたが、残念ながらその詳細なデータや実験の結果報告などに関する資料は見当たらない。その後「双語実験班」が実施された翌年からその量的拡大が図られ、また最初の実験クラスが高校に進学した1995年には、高校一年生を対象とした実験クラスが3クラス新たに設けられた。1998年に6クラスのうち計179人が高校を卒業し、その8割近くが全国統一試験（入試）に合格したという実験クラスの成果報告が新疆教育庁によって出されている。その報告書によると、「双語実験班」の時間割は**表1**の通りであり、そのなかで語文、地理、体育、音楽、美術、労働技術などの授業はウイグル族の教員がウイグル語で行ない、その他の授業は漢族の教員が漢語で行なっていたという。そして報告書では、初級中学の各学年の『漢語』には、1週間に1時間から2時間程度の専門用語の時間が含まれているだけだが、生徒らが高校に進学した時点で漢語による授業を受けられる漢語力を十分に身につけていることを強調してある。

　実験クラスの試験は普通クラスと異なっている。すなわち、教授用言語が漢語になっている科目は漢語によるペーパーテストを受け、教授用言語がウイグル語になっていた科目は母語によるテストを受けることになっている。全国統一入試の場合は、教授用言語が漢語になっていた理数系の科目（数学、物理、化学）は漢族と同様の漢語の試験答案を使用した。教授用言語が民族言語になっていた『ウイグル語文』と『漢語』試験は、ウイグル語の試験答案を使用した。第一期の「双語実験班」（179人）の入試合格

表1 双語実験クラスの時間割表

	初1	初2	初3	高1	高2	高3	授業時間総数	初中	高中
政治	2	2	2	2	2	2	388	204	184
語文（母語）	5	5	5	4	4	5	902	510	392
数学	6	5	5	5	5	6	1028	544	484
漢語	5	4	4	5	5	5	902	676	460
英語	4	3	3	4	4	5	732	340	392
物理		4	4	4	4	4	640	272	368
化学			4	4	4	4	504	136	368
生物	2	2			2		204	136	68
歴史	2	2	2	2	2		340	204	136
地理（母語）	2	2		2			204	136	68
体育（母語）	2	2	2	2	2	2	388	204	184
音楽（母語）	1	1	1				102	102	
美術（母語）	1	1	1				102	102	
労働技術（母語）	2	1	1				136	136	
週時間数	34	34	34	34	34	34			

出所：新疆ウイグル自治区教育庁編「新疆少数民族中学校双語授課実験与研究」より作成（網かけは漢語を用いて行なわれる科目とその時間数）

表2 漢語成績の比較表

		実験クラス（29人）	一般クラス（43人）	試験答案
漢語	平均点数	76.9%	45.9%	大学入試レベルの試験
	合格率	96.5%	23%	
	優秀率	24%	2.7%	

出所：『新疆双語教育』2000年、第一期、第6頁。

率を見てみると、54人が内地大学に合格しており、またそのうち14人は漢語ネイティブの学生と一緒に直接漢語による授業を受けることになっていた。そして、新疆の各大学に合格した者は84人、大学への進学率は77.1％という画期的な成果を見せた。また、表2のように、実験クラスの『漢語』成績が一般クラスを圧倒的に上回るという生徒たちの漢語能力の向上を目指した「双語実験班」の成果が挙げられている。

　実験クラスが始まった最初の時期、多くの人々はなぜ学校で2つの言語を使って教えるのかが理解できず、教育の質にも疑問を持っていた。しかし、上述したような実験クラスの成果が報告された後、「双語実験班」

への入学希望者は急増し、保護者のなかには不正な手段をつかってでも子どもを実験クラスに入れようとする者もいた程である。地域によって、実験クラスへの入学希望者と募集人数の比率は10対1を上回っている。人々の「双語実験班」へのこのような憧れは、民族学校における「双語実験班」の量的拡大に拍車をかけ、その結果「双語実験班」を設ける際に備えるべき条件が引き下げられた。1997年には、新疆の16の地区、州、市などで双語実験クラスが60クラス設けられ、生徒数は2640人に達し、5年前より20倍増加した（中国教育年鑑 1998:869）。そして、2003年現在105校194クラスにまで拡大し、生徒数は5000人に達している。地域によっては、高校の段階ですべてのクラスが「双語実験班」になっている学校もある。例えば、ウルムチ市X高校では、2009年現在一学年にある10クラスすべてが「双語実験班」になっている。こうした、実験クラスの急増は、民族学校における双語教員の量的不足や質的低下の問題を生み、少数民族教員の余剰問題を引き起こしつつある。また、漢語能力が不十分な児童・生徒でも実験クラスに入らざるを得ない状況を作り出し、その結果、過重な学習負担を訴える児童・生徒も増えている。

　では「民漢兼通」を目標とし、高等教育機関へ進学後は漢語による教科学習ができる双語人材育成を目的とした中等教育段階での「双語実験班」の実態はどうであるのか。以下では、筆者が実施してきた参与観察のデータを取り入れながら、「双語実験班」の実態を見ていきたい。

1.3 「双語実験班」の実態

　筆者は2007年にカシュガル市のZ重点中学校（初級中学・高級中学）を訪問し、その「双語実験班」（高級中学クラスのみ）で参与観察やインタビュー調査を実施した。前述したように、カシュガルはウイグル族人口が総人口の約9割を占めるウイグル語モノリンガルの地域である。「双語実験班」は他の地域に比べて比較的遅い時期に実施されており、最初に実験クラスを設けたのは、このZ学校である。Z中学校（高校も含む）は、カ

シュガル地域のみならずホータンやアクスなど南新疆においても評価の高い重点学校である。

現地調査を実施した 2007 年現在、民族クラスが 47 クラスあり、そのうち「双語実験班」は 17 クラス（初級中学と高級中学合わせて）あった。教職員は 283 名、そのうち、ウイグル族教員は 140 名、漢族教員は 80 名である。表 3 は Z 重点中学校の時間割表であり、『数学』、『物理』、『化学』、『英語』、『生物』、『電脳』（コンピューターの操作など基本的な知識を教える科目）などの科目は漢語を用いて行なわれている。初級中学においては、2006 年 9 月から「双語実験班」のみ募集されるようになっており、教授用言語の漢語化が進んでいる。筆者は高校三年の『物理』、『数学』、『化学』の授業を参与観察し、授業の後、各教科の担当教員や生徒らにインタビューを行なった。

『物理』は 1 年間の漢語研修を終え、実験クラスの授業を担当できる資格を得たウイグル族の P 教員が担当していた。授業は、基本的に漢語を用いて行なわれ、必要に応じて（生徒たちが理解できない場合、あるいは、教員自身が漢語でうまく説明できない場合）ウイグル語による説明が加えられた。授業中、生徒たちは先生の質問に対してはできる言語で反応をしていた。授業の後、P 教員が積極的に筆者に声をかけてきた。P 教員の話によると、Z 学校は毎年「双語実験班」を増やしており、その結果、漢語で実施される科目数やクラス数が増えている。教員のなかには、1 年間ないしは 2 年間の漢語研修を終えても漢語で授業できない 40 代、50 代の者が多いため、漢族の教員を取り入れてでも、実験クラスをさらに拡大する方針をとっているという。また、漢語で授業している教員らの現実問題として、授業の準備よりも、授業内容を漢語でどのように表現するか、板書は漢字で正確に書けるかなどに注意が偏っているという。

『数学』と『化学』は漢族の教員が担当しており、ウイグル語ができないため、すべての内容は漢語を用いて授業が行なわれている。筆者は教室の後部で生徒たちと一緒に授業を受け、教室の雰囲気を観察した。化学

写真1　ウイグル族の教員

写真2　生徒たちの様子

表3　Z重点中学校（中高一貫校）の時間割表　2005－2006年度

学年 科目	高一 双語 4クラス	高一 普通 9クラス	高二 双語 3クラス	高二 理系 6クラス	高二 文系 2クラス	高三 双語 4クラス	高三 理系 6クラス	高三 文系 2クラス	中一 2クラス	中二 2クラス	中三 3クラス
語文	5	5	5	5	5	5	5	5	5	5	6
ウイグル語						2	2	2			
漢語	6	6	6	6	6	6	6	6	6	6	6
政治	2	2	2	2	2		2	5	2	2	3
歴史	2	3			2			5	2	2	3
地理	2	3			2			5	2	2	3
英語	4	2	4	2	2	3			4	3	2
数学	7	6	6	6	6	7	6	6	7	7	7
物理	5	3	5	5	3	5	5			5	5
化学	5	1	5	4	3	5	4				6
生物			5	4	3	5	4				
電脳	2	2	2	2	2	2	2	2	2	2	2
体育	2	2	2	2	2	2	2	2	2	2	2
音楽									2	2	
美術									2	2	
一週間の授業時数	42	38	42	38	38	42	38	38	36	40	45

筆者の2007年8月の調査により作成、網かけは漢語を用いて行なわれる科目とその時間数

第4章　双語教育における教授用言語の変化

写真3　漢族の教員　　　　　　　　　写真4　生徒たちの様子

の先生は、教員だけの一方的な説明ではなく、化学反応などを生徒たちに発言を求めながら授業を進めていた。数学の先生も同じく生徒たちを誘導し、生徒たちが理解しているかどうかを確認しながら解釈や説明をしていた。しかし、いずれの授業にしても生徒たちの反応は消極的であり、先生の質問に答えようとする生徒は少ない。多くの生徒は授業中に先生の話しを集中して聞くことはなく、教科書を読んでいる。

　授業が終わった後、まず、それぞれの教員に生徒たちの学習の様子や筆者が疑問に思った点（「漢語が母語ではない生徒を対象とするにしては、教員の話すスピードが少し早いのでは」）について話（漢語で）を伺った。二人の教員とも話すスピードが速いとは思ってはおらず、「双語実験班」の生徒たちは初級中学校から理数系の科目を漢語で受講してきているため十分な漢語能力を持っているという。生徒たちの学習の様子に関しては、「実験クラスには優秀な学生が選ばれているから互いに競争し合い勉強している」と教室全体の学習の雰囲気を高く評価していたが、先生の解釈や説明を聞かずに教科書を読んでいる生徒らについては触れなかった。

　一方、生徒たちを対象にしたインタビューでは、多くの生徒は「民漢兼通」の教員を強く望んでいることが窺えた。例えば、「授業内容が理解できない場合、漢族の先生にウイグル語での補足説明をしてもらえないため、復習・自習の時間が長くなり、学習効果が上がらない」、「一部の漢族教員

には方言の訛りが強く、教科書を見て確認しないと聞き取れない」、「ウイグル族の教員に発音や声調の不正確さ、表現力の限界などの問題がある。しかし、ウイグル族教員の場合、発音や声調の不正確さがあっても、漢語による授業内容が理解できない場合はウイグル語による補足説明をしてもらえるので、復習する時間も節約でき、次の内容へスムーズに進める」など。

　この事例は1つの地域の「双語実験班」の現状を示している。しかし、教員たちのインタビューからは同様の実態や抱えている課題は他の地域でも見られるという。すなわち、教育の担い手である教員の量的不足と質の低さの問題は、地域や教育段階を超えた共通の課題のように思われる。

第2節　漢語一元化へ向けて——高等教育

　第1節で述べたように、新疆の双語教育において教授用言語に漢語を用いる試みは、中学校から実験的に行なわれ、次第に高校にまで引き上げられた。そして、高等教育機関では、教授用言語の漢語への一元化が図られた。新疆の高等教育機関において教授用言語の漢語への移行は、2002年の9月からウイグル文学など一部特殊な科目を除いてスタートし、現在では基本的に漢語に一元化されている。本節では、これまで第一言語であるウイグル語で教育を受け、学生たちにもウイグル語で授業をしてきた教員たちが、漢語への一元化にスムーズに対応できているかどうか、また、少数民族[1]の教員たちが漢語能力の障壁をどのように乗り越えていくかと

1　新疆の高等教育機関には、ウイグル族のほか、漢語が第一言語ではない少数民族もいるため、彼らも含めて少数民族教員と記しているが、本書では、主にウイグル族教員を中心に扱っている。

いった問題や課題について考察を行なう。さらに、高校卒業まで民族学校に通い、第一言語であるウイグル語による教育を受けてきた生徒たちが、大学入学後1年ないしは2年の「預科」教育だけで、漢語で大学の講義が理解できるかどうか、教授用言語の急激な一元化は教育の質にどのような影響を与えているか、などの問題意識を中心に教授用言語の漢語への一元化という転換期を迎えた高等教育機関の現状と課題について、現地調査をもとに検討する。

2.1　高等教育機関の概況

　新疆の高等教育機関は、中国教育部の支援のもとで管理、運営、投資の3つの体制改革を行ない、高等教育機関の構造調整、教育における合理的計画、就学率などにおいて目覚ましい発展を遂げている。2006年新疆には高等教育機関が24ヵ所ある。そのうち、自治区に属している大学と学院が合わせて9ヵ所、専科学校が5ヵ所、高等職業技術学院が8ヵ所、兵団に所属する大学が2ヵ所ある。また、博士号授与権を有する機関が3ヵ所、博士号授与権をもたない博士後期課程を有する機関が9ヵ所ある。さらに、修士号授与権を有する機関が7ヵ所、修士を育成する機関が165ヵ所あり、117種の本科専門と120種の専科専門が設けられている。2006年の段階で、大学院生（修士）は1749人、大学生は10万8000人であり、そのほとんどが新疆出身の学生であった[2]。新疆ウイグル自治区教育庁の2013年新疆ウイグル自治区教育事業の発展統計報告によると、2013年現在、高等教育機関は43ヵ所まで増え、在学生数は24万8400人にまで増えている。大学院生は1万6867人、そのうち博士課程在学生は1129人、修士課程在学生は1万5738人にまで増えている[3]。内地から

---

[2]　筆者の学生係へのインタビューから得たデータである。
[3]　http://www.xjedu.gov.cn/xjjyt/sytj/2014/78011.htm を参照（2015年8月29日アクセス）

来る学部生や大学院生も増えつつある。

　これらの高等教育機関では各学部や各専門ごとに民族クラスと漢族クラスがあり、基本的に漢族クラスでは漢族教員による授業が行なわれ、民族クラスでは少数民族教員によりウイグル語を用いた授業が行なわれてきた[4]。中華人民共和国憲法の第4条で「各民族はすべて自己の言語文字を使用および発展させる自由を有する」と宣言され、また、自治法の第37条第3項には「少数民族の学生を主たる学生源とする学校またはクラスおよびその他の教育機関においては、条件が許す限り少数民族の文字による教科書を採用し、かつ少数民族の言語で教学しなければならない。状況に照らし、小学校の低学年または高学年から漢語科目を設け、全国通用の標準語と標準漢字を普及するものとする」と定められている。以上のように、小学校から高校卒業までは、少数民族の学生が第一言語で教育を受ける権利が法律上保障されているが、高等教育機関での教授用言語に関する文言はない。

　金光旭によると、高等教育機関のなかでは、一部の大学の一部の専攻は、民族語で授業が行なわれている（金光旭 2003:124）。ただし、それは、文系の科目に限られており、理系のほとんどの科目は、漢語で教えているのが普通である。例えば、延辺大学では、1958年以前は、教授用言語が朝鮮語だけだったが、1962年には全授業の45％が漢語で行なわれるようになった（小川 2001:154）。1983年から各師範学科の基礎科目や朝鮮族学生のために設けられた朝鮮語や朝鮮芸術関連の科目は、漢族・朝鮮族別にそれぞれの授業用言語で授業が行なわれている。それ以外の科目は漢語で行なっている。当時、「少数民族を対象としたクラスでも、理科系は漢語で受講するのがよい。文系や理系のうち師範系の科目以外はやはり漢語がよ

---

[4]　例外の大学もある。例えば、2001年に新疆大学と合併された新疆学院では、開校以来、専門的な科目は漢語で行ない、教養科目はウイグル語で行なっていた。

い。師範系の科目も高学年になれば漢語がよい」(小川 2001:165) という希望者の声が挙げられていた。小川は、延辺地区において、理科系の科目を漢語で行なうことは、朝鮮族知識人自身による、現状を考慮した上での結論である。高等教育の目標は人材育成にあるため、そこではやはり漢語で授業を行なうのが望ましいという選択がされていると指摘している (小川 2001:166)。

　新疆の高等教育機関において、教授用言語を漢語に変えようとする試みは 90 年代後半から大学別に現われ、2002 年 9 月からウイグル文学など一部の科目を除いて、すべての科目が基本的に漢語に一元化された。その背景として、2000 年に打ち出された西部大開発による高い教育と技術を備えた人材に対する要求の高まり、経済的な力関係が言語選択への決定要因となること、また、2008 年の北京オリンピックまでに少数民族の国語レベルを向上させることなど多面的な要因が考えられる。B 大学学生課就職関係窓口の係長の話によると、これまで新疆の大学を卒業した少数民族学生と沿海地域の大学を卒業した少数民族学生の就職率を比較検討した場合、一般に、沿海地域の大学を卒業した者の就職率の方が高いようである。その原因としては、後者の漢語レベルが新疆の大学を卒業した者よりはるかに高く、専門知識も相対的に豊富であるという点が指摘される。教授用言語を漢語に切り替える動きは、このような同じ民族間での出身大学の違いによる格差を改善することにも役立つと思われる。

2.2　民族教育の質を高める主要対策

　近年、高等教育における少数民族学生の質の低下が見られる。例えば、大学における学生募集数の増加によって、入試の点数は新疆教育庁が明示している合格ラインに満たない生徒でも大学に入学できるようになっている[5]。また、第 2 章で取り上げた「新疆内地高中班」の拡大にともない各地

5　大学側は、各学部に 2 年間ないしは 3 年間の「大専クラス」を設けて、入学

域の優秀な生徒が「新疆内地高中班」に選ばれ、高校卒業後彼らのほとんどが沿海地域の大学に進学（流出）する。これも新疆地域の高等教育機関における少数民族学生の質が以前に比べ低下している原因の1つと考えられる。大学側は、この問題を一日も早く解決し、社会のニーズに応じた人材育成に努めるため、各大学それぞれの情況に合わせた措置をとりつつある。

2.2.1 「113教改工程」

「113教改工程」は、1999年からスタートした。その内容は少数民族の学生が大学に入学後1年目は、集中的に漢語の勉強をする。2年目は、高校卒業までウイグル語で勉強していた数学、物理、化学の基礎的な知識に関して改めて漢語による補習授業を行ない、再確認をする。3年目からは、本格的にそれらの専門的な勉強を漢語で始めるというシステムである。大学側は、このプログラムを実施することによって少数民族学生の教育の質を改善しようとしている。2004年には、「113教改工程」をさらに強化すると同時に少数民族学生の理数科教育と漢語教育に対する具体的な措置が出されている。

漢語教育においては、漢語科目を集中的に勉強させるため、漢語以外の科目を厳しくコントロールしている。具体的に言えば、2006年9月からは、学生が「預科」を卒業し「入系」[6]する条件としてHSK（漢語水平試験）の6級に合格することを求めている。2008年には、7級に合格すること、2010年までは8級に合格することを目標としている。入学する時点ですでにHSKの7級に合格した者には、1学年飛び越えて進級させる。ある

  の点数が合格ラインには満たないが、それに近い学生を受け入れている。
6 「入系」とは、少数民族の新入生たちが、大学に入学後、直接各学部に入るのではなく「預科」において漢語を勉強しHSKの定められたレベルに達してから、各専門の学部に入ること。

いは、同じ学年の漢族クラスへ移動するように奨励する。

　数学、物理、化学などの基礎的な知識の補習について、理科系の全ての少数民族学生は基礎数学、基礎物理、基礎化学を補習する必要を求められている。補習により達成する目標は、2007年まで、8割の少数民族学生をウルムチ市の「高中会考」[7]の合格レベルにまで到達させることである。そのうち一定の人数を「良」と「優秀」レベルにまで到達させる。2008年から、毎年100％の合格率を達成し、「良」と「優秀」レベルにまで到達することを目指す。そのため、2006年9月からの新入生には、「預科」教育段階から週4時間の基礎数学を設けて、漢語による授業を行なう。漢語レベルがHSKの8級に達し、理科系の科目もウルムチ市の「高中会考」の合格レベルにまで達した者は、英語を選択科目として受講できる。「預科」教育を終了してからすべての科目は漢語で受講する。

　卒業論文についても、しだいに漢語で書き、漢語で口述試験を受けるように定められている。

2.2.2　少数民族学生の漢族クラスへの移動

　以上述べてきた大学の民族クラスに入学した四年制本科の新入生または「預科」一年を終了した少数民族学生は、漢族クラスへ移動できる対象となる。しかし、以下の5つの条件を満たすことが求められる。①学生たちが自ら志願すること。②原則として、同じ専門の一年生に移動すること。③HSKの7級あるいはそれ以上のレベルに達すること。④大学入試成績が現在のクラスにおいて上位10人以内に入っていること。⑤各民族クラスから漢族クラスへ移動する学生は原則として5名以内とするなどが挙

---

[7]　「高中会考」とは中国の高校における一つの試験制度であり、各省・自治区が独自に行う。高校一年のとき、歴史と地理を受験する。二年のときは、数学、物理、化学、生物などの4科目を受験する。三年では、語文、政治、漢語を受験する。試験に合格できない者は高校卒業ができなくなる。

げられている。漢族クラスへ移動してきた学生は、漢族学生と同じ扱いを受けるが、一学期間は適応できるまでの過渡期とされ、授業についていけない場合、教務課の同意を得た上で元のクラスに戻れる。また、3つの科目が不合格となった場合、あるいは2つの専門科目が不合格となった場合、元のクラスに戻ることが求められる。

　この制度は、2006年の9月から実施されている。民族クラスから漢族クラスに移動する学生に対し400元の学習補助金付きで奨励するという魅力的な条件もあり、また卒業後も「民考漢」として扱うため、就職する場合、民族クラスの卒業生よりは有利である。また、少数民族学生に漢族学生と同じ土俵で成功への機会を争うチャンスを与え、彼らが国家の国際競争力の向上につながる学力競争のレースに加わることも期待されている。しかし、筆者が調査を行なったA総合大学においては民族クラスから漢族クラスへ移動する学生はまだいなかった（2006年時点）。

2.2.3 教員研修

　教育の質を高める要件には学生や教員、大学施設の質、教育、研究内容およびその成果など多面的なものが含まれる。なかでも重要な要件として、教員の教授能力、学歴、経歴、資格、業績などが挙げられる。以下、A総合大学を例に取り上げ、教授用言語を漢語に切り替えようとしている高等教育機関の教員の現状と課題を検討する。

　A大学の教員基本状況
　新疆の重点大学の1つであるA総合大学では2006年7月の時点で、少数民族教員が349人おり、全校教員数の41.5%を占めている。年齢構成は、36歳以下の教員数は125人で少数民族教員の35.8%を占めている。37～40歳の教員数は52人で14.9%、41～50歳の教員数は148人で総数の42.4%を占めている。51歳以上は24人で、6.9%を占めている。そのうち、教授は15人（4.3%）、助教授は117人（33.5%）、講師は173人

(49.6%)、アシスタント[8]は44人（12.6%）である。学歴構成を見てみると、博士号をもっている教員（15人）と修士号をもっている教員（42人）を合わせても、少数民族教員総数の16.3%である。271人（77.7%）の教員が学士の資格取得者であり、21人（6%）の教員が大専（日本の短大に相当する）卒の者である。出身大学を見てみると、新疆師範大学出身の者は102人（29.2%）、新疆の他の大学出身者が246人（70.5%）で、少数民族教員のほぼ全員が新疆の大学を卒業している。

　教授用言語が漢語に移行し始めてから、大学は少数民族の教員に対してHSKの8級に合格することを求めている。このA大学の少数民族教員のHSK合格率を見てみると、349人の少数民族教員のうち8級に合格した者は150人（43%、8級以上も含む）で、半分以上の教員がまだ要求を満たしていない。

2.2.4　教員研修の目標と実施

　自治区政府および高等教育機関は、教授用言語を漢語に一元化することを通して、民族教育の質を高め、沿海地域の高等教育機関との格差を縮小し、またそれによって人々の生活レベルを高め、卒業生が就職できる機会を広げ、さらに自治区の経済を発展させるべく様々な政策、制度を整備している。中国教育部が打ち出した「東西部地域教育対口支援工作（中国の東部地域と西部地域との教育に関わる相互支援）」[9]という政策も西部の各地域

8　アシスタントとは、教授・准教授・講師の下に位置し、講師の教授活動も行なう。一般的に、5年間の教歴を経て、講師になるための書類審査と外国語の試験を受け、合格してから講師資格を得る。

9　「東西部地域教育対口支援工作（中国の東部地域と西部地域との教育に関わる相互支援）」とは、中国東部と西部の地域がペアになって互いに様々な教育支援をすること。例えば、北京大学と石河子大学、西安交通大学と新疆大学、華東師範大学と新疆師範大学、華中師範大学とカシュガル師範学院、東北師範大学とイリ師範学院がペアになり「東西部地域教育対口支援工作」が

における高等教育の質をさらに高め、それぞれの地域の経済発展に必要とされている人材を育成することを目的としたものである。この「対口支援」によって、沿海地域の大学の校長や教員が新疆の各大学に派遣され、学校運営について互いの経験を交換したり、学術交流を行なったり、授業を担当したりしている。一方、新疆の各大学の教員たちは、沿海地域の大学へ研修に行くことによって、漢語レベルを向上させ、専門知識も高めるよう促がされている。

　A大学では、2006年度から3～5年の間、教員の学歴を高めると同時に漢語レベルをさらに向上させ、優れた教員集団をつくりあげることが教員研修の目標として立てられている。すなわち、多様な方法で研修を行ない、少数民族教員の学歴構成、資格構成を改善し、少数民族教員の総合的な業務水準と研究能力を高めるのである。教員研修の任務としては、国家および自治区政府の教員研修に関する政策を基準にしつつ、分類管理（6つの段階に分けて管理を行なうこと）を実行し、少数民族教員を沿海地域の高等教育機関や研究機関へ派遣し漢語レベルを高めると同時に、専門レベルもさらに向上させることが挙げられている。

　分類管理では、①少数民族教員の年齢層にしたがって、主に教育部の「少数民族高層次骨干人材計画（少数民族のエリート人材計画）」と「援疆科学建設計画（新疆の科学建設事業を支援する計画）」を利用し、40歳以下（1966年9月1日以降生まれの者）の教員に対しては、修士号と博士号を取得すること、1970年1月1日以降生まれの教員には修士号を取得することを求めている。②40歳以上50歳以下の教員に対しては、訪問研究員や専門的な研修を主とした一般的な研修が求められ、専門レベルと漢語レベルを高めることが強調されている。51歳以上の教員は、自己向上を中心とする、とされている。

　A大学での研修に対する具体的要求としては、以下の4点が挙げられ

　　行なわれている。

ている。① A 大学には、現在、1970 年 1 月 1 日生まれ以降の少数民族専任講師が 73 人おり、彼らには 3 年以内に修士課程に入学し、5 年以内に修士号を修得することが、また、1976 年 9 月 1 日生まれ以降の教員に対しては、一時的に職場を離れ修士号を修得することが求められている。定められた期間以内に、受験していない者に対しては、授業を担当させないこと、定められた期間以内に修士号を修得していない者は、教員籍からはずされる。② 37 〜 40 歳（1966 年 9 月 1 日〜 1969 年 12 月 31 日生まれ）の少数民族教員は 29 人おり、彼らに対しては、3 年以内に積極的に修士課程の試験を申し込むこと、修士号を修得できない者は、大学が沿海地域の大学や研究機関に半年から 1 年間派遣するなどといった一般的な研修を行なう。③ 41 〜 50 歳（1956 年 9 月 1 日〜 1966 年 12 月 31 日生まれ）の少数民族専任講師は 132 人おり、彼らに対しては、一般的な研修を主とする。それと同時に修士や博士試験に申し込む可能性のある者を奨励し、3 年以内に研修を終了するように努める。④ 51 歳以上（1956 年 8 月 31 日以前の生まれ）の少数民族専任講師は 25 人おり、これらの教員に対しては自習を主とし、積極的に漢語で授業するように激励する。そのうち漢語で授業することができない教員には、大学が他の仕事を配分し、予定期限前の退職条件に合致する教員は、退職申請可能とする。経済的な支援として、A 大学は少数民族教員の研修に 360 万元の予算を計上している。

2.3　現状と課題

　2006 年時点において、新疆の大学における教授用言語が漢語に切り替わって 5 年目を迎え、教員たちはすでに十分対応できるようになったと思われたが、A 大学および B 大学（重点大学）での少数民族教員へのインタビューによると、実際のところ「民考漢」ないしは一部のごく少数の教員を除くとほとんどの教員は漢語表現力が不十分であるため、様々な困難を抱えていることがうかがわれた。

　以下、2006 年 8 月 3 日から 9 月 15 日にかけて行なった現地調査（質問

紙調査とインタビュー調査）をもとに教育改革が進められている大学の実態を見ていきたい。

2.3.1 学生への聞き取り調査から見る教育の実態

　新疆の高等教育機関における漢語教育の強化や教授用言語を漢語に移行させようという教育改革は、少数民族学生の漢語レベルを高め、沿海地域の高等教育機関との地域格差を縮小し、少数民族学生の就職の道を広げることには非常に有効である。しかし、一方でこれまで第一言語であるウイグル語で授業を受けてきた学生たちがこれらの改革に順応できているかといえば、残された課題も多いように思われる。

　インタビュー調査は、高校卒業まで民族学校に通っていた学生を対象として行なった。調査対象となった学生は、大学入学前の漢語履修経歴も異なっており、漢語能力も同等ではない学生たちが含まれている。すなわち、高校卒業まで漢語を1つの科目として勉強していた学生もいれば、中学校から双語実験クラスに入って理系の科目を漢語で受講していた学生もいる。また、高校から双語実験クラスに入って理系の科目を漢語で受講していた学生もいる。

　そのうちウイグル族がもっとも多く居住しているカシュガル市出身のG氏のケースを一例として紹介する。彼女は、民族小学校に通い、中学からは、1994年カシュガル市に初めて設けられた双語実験クラスに入り、高校卒業まで理科系の科目は漢語で勉強していた。2000年に高校を卒業し、大学へ進学した。彼女が大学に入学し、一年の「預科」教育を終えた頃、一部の授業は漢語で行なわれていたが、まだ完全に漢語に一元化されていなかった。高学年になるにつれ、ウイグル族の教員も漢語を用いて授業するようになり、2つの科目は漢族の教員が担当していた。彼女は、2005年に大学を卒業し、大学院に進学している。彼女は、「学部においては、民族クラスと漢族クラスが存在するが、大学院では民族別のクラスが設けられていないので、少数民族の学生も漢族の学生も同じ扱いをされ

ます。すべての授業は漢語で行なわれます。私は、中学校の一年生から理科系を漢語で受講してきたけれど、大学院の授業を漢族の学生と一緒に受けるのは大変でした。授業の内容がよく理解できなくてクラスメートに説明してもらったりしています。漢語で書かれている論文を1回読むだけでは50％しか理解できません。このような状況で1年間があっと言う間に過ぎてしまいました。双語実験クラスから大学に上がった人も、漢語で受講できる漢語レベルを有しているとは必ずしも言えません」と語っていた。

　質問紙調査は、A大学に2004年9月入学した理系の民族クラス1クラスと文系の民族クラス1クラスを対象として行なった。ここではそのうち文系の民族クラスを取り上げることにする。このクラスには、35名の学生がいたが、「入系」の条件とされていたHSK成績から見てみると、HSKの上級である10級に合格した者が1人、9級に合格した者が3人、中級の8級に合格した者が10人、7級に合格した者が10人、6級に合格した者が7人、5級に合格した者が4人であった。HSKの合格率から見れば、7級（6級も含む）以上のレベルに達している学生は、このクラスの半分以上占め、漢語の使用には不自由を感じないと思われるが、実際、筆者の「教授用言語が漢語になってから大学の講義内容は理解できていますか」という質問に対して、12人の学生だけが、「どんな科目の講義でも理解できる」と答えていた。また、漢語教育を修了しているこのクラスの学生に「漢語の聞き取り能力・話す力・講読力・表現力・文章力・専門用語の理解などを向上させる漢語教育の必要がありますか」という質問をしたときに、全員がこうした漢語教育の必要性を訴えていた。先のインタビューの結果と同じようにいまだに多くの学生が漢語能力の不十分さを認識しており、学習の上での言語問題は十分解決されているとは言い難い。

　『中国教育報』（2006年7月10日）によると、HSKが新疆で実施された1996年の時点では、1566名しかいなかった受験生が2006年5月には8万人余りにまで増加している。その合格率やレベルは確かに高くなりつつ

あるが、一方で、学生の文章を書く訓練が軽視されている点が問題であると思われる。HSKのヒアリング・文法・読解・総合穴埋などの4つのセクションのうち書く能力を測るものとして総合穴埋があり、実際は単語レベルしか要求されないので、学生が文章を書く能力を伸ばすことにあまり役立っていない。このような不備もあるため、学生が哲学、民族理論、地方史、論理学といった教養科目の学習の上で非常に困難を抱えることになる。

　A大学の建物には、「講普通話、用規範字（標準語を話し、規範漢字を使う）」というスローガンが書かれており、各クラスには、「請用漢語交流、説錯也没関係（間違っていても大丈夫、漢語で交流して下さい）」という張り紙が壁に貼られていた。筆者が学生たちに「授業以外は何語で会話をしていますか」と聞いたとき、全員の学生が「もちろんウイグル語です」と答えていた。同じ学年のコンピューターを専門的に勉強しているクラスと英語を専門にしている外国語学部の学生の質問紙調査やインタビュー調査の結果を見ていても、全体的に、人文系の教養科目などを理解するには厳しいという答えが多く出されており、現時点では、教授用言語の一元化によって教育の質が向上しているとは言い難い。

2.3.2　教員への聞き取り調査から見る教育の実態

　A大学のC学院の院長（男、40代後半、教授、博士）

　　　私の漢語レベルは、第一言語に相当する。どのような場面で漢語を用いても不自由とは感じない。私は、少数民族学生であっても、漢族の学生であっても、あるいは、学部生でも院生でも漢語で授業することはできる。しかし、我々の大学には、漢語を準母語レベルとして授業できる教員はまだ少ない。専門知識がいくら豊富であっても、その教員に十分な漢語表現力がなければ、教員がもっている豊富な知識を学生に伝えられない。結果として、学生が得る知識は量的にも少なくなるし、質的にも優れているとは保障できない。教

員の表現レベルの制限によって、その教員がもっている専門知識の50％しか学生に伝えられない場合も考えられる。その場合、学生は50％すべて吸収できるか？　学生の漢語レベルもそれぞれ違っていて、その半分も吸収できない学生もいる。この教育改革の発想は評価できるが、まず、教員の漢語レベルを高めることが第一課題ではないだろうか。

B大学のD学院の院長（男、50代前半、教授）
　　私は、自分の漢語能力には自信がある。表現力も、会話力、聞き取り能力も不自由を感じない。特に、文章表現には自信がある。私の専門分野の必要に応じて、これまで学部生にも大学院生にもウイグル語で授業をしてきた。ところが、今年の大学院生に漢語で講義することを求められ、1週間の集中講義を担当した。私が漢語で準備した講義内容は、普通ウイグル語でするなら1学期（約54時間）のボリュームだったが、1週間（約30時間）の集中講義できれいに終わってしまい、余った時間の心配をした。漢語レベルがいくら高いと言っても、第一言語ではないため、普段ペラペラ喋っていても授業をするのは別の問題であると実感した。しかし、これは中国国民として我々が乗り越えなければならない問題である。
　　また、最近ウイグル語で書かれた論文は評価されなくなり、漢語文章力、表現力が不十分な40代の教員に対しては、年に1本漢語で論文を作成するという負担が加わり二重の負担を抱えている。一方、現在修士課程に在学している30代後半の教員のなかには、外国語（語学）の試験になかなか合格できず、規定期間中に修了できない場合のことを考えて悩んでいる者もいる。板書も漢字ですることが厳しく求められている。理系の教員はこれに対応できているけれども、文系の教員のなかには、改めて漢字学習の必要に迫られている者もいる。

今回のインタビュー調査は、調査の限界、協力者を得ることの難しさがあって、大学の授業参観や一般教員のインタビューはできなかったが、A大学の現状やC学院の院長の語りからうかがえるように、必ずしも大学教員の全員が教授用言語の一元化に対応できているとはいえず、教育改革と実態とのズレを速やかに解消することが重要な課題となっている。

　調査からは、教授用言語の急激な一元化に学校全体がまだ追いつくことができない現状を確認できた。例えば、すでに述べたように、大学に入学した学生たちの漢語レベルもまちまちであり、1年間ないしは2年間、集中的に漢語を勉強しても、すべての科目を漢語で受講することに多くの少数民族学生はまだ困難を感じている。場合によっては教授用言語の急激な一元化によって学習成果や高度な人材育成が減退するというマイナスの効果をもたらす恐れすら考えられる。教員に関しても、HSKの定められた級に達している者がまだ少なく、漢語レベルは十分ではない。仮に、HSKの8級に達したとしても、授業を漢語で行なうには、従来の第一言語による表現力、解釈力、想像力、思考力、判断力などの水準を保ったままこれを漢語に切り替える必要があり、誰もが短期間でできるものではない。これは、ウイグル族だけに限らず、他の少数民族にとっても同様である。教員研修にしてもまだ始まったばかりで、研修を受けた教員はごく一部しかいないため、授業で使用することばの方に注意が偏り、授業の内容や質の確保にまでは追いつかないことも想像される。高等教育の現場では、いまだ漢語への一元化の動きに対応できる環境が十分に整備されているとは言えない状況があるように思われる。

まとめ

　本章では、一部の科目の教授用言語を漢語に切り替えた中等教育段階と教授用言語が漢語に一元化された高等教育段階を中心に、それぞれの現状や課題について考察を行なった。まず、中等教育においては、理数系の科目を漢語で行なうという「双語実験」の導入目的や実施状況を概観し、一

部地域の限られた民族中学校に設けられた「双語実験班」の実施を新疆の民族学校における教授用言語の漢語化のスタートと位置づけ、その成果やそれが引き起こした課題について指摘した。高等教育においては、大学の関係者、授業を実施する側（教員）や受ける側（学生）に対するインタビュー調査を通して、教授用言語の急激な一元化に大学全体がまだついていくことができない現状を明らかにし、優先課題として教員や学生の漢語レベルを向上させる必要があることを指摘した。

　中等教育および高等教育段階においては、双語教育の名目で実施されている漢語教育の目的（民族教育の質的向上や国民統合の実現）は同様であり、抱えている課題（教員の量的不足・質的低下や児童・生徒の漢語レベルの不足などの問題）も類似しているように思われる。しかし、一方で相異点もある。中等教育における双語教育は、その実施に必要とされる諸条件が整っている限られた中学校の特定クラスで行なわれており、教育を受ける側と実施する側の実情に合わせた「実験」であった。それはあくまでも実験的な試みであり、すべての中等教育あるいはすべてのクラスが対象とされているわけではない。しかし、現実にはたとえ実験クラスであっても、漢語能力が不十分な教員であっても漢語を用いて授業を行なわざるを得ない、漢語で授業を受けられない生徒でも実験クラスに入らざるを得ない状況も見られる。これに対して、高等教育の場合は実験的な試みではなく、徹底した教育制度改革である。少数民族学生の就職への道をさらに広げる目的で実施されたこの教育改革の発想は評価できるが、教育現場の実情が十分に考慮されておらず、十分な準備が欠けているように思われる。そして、漢語を用いて授業を行なうことだけで、教育の質が向上し、少数民族の学生たちの将来が保障されるとは限らない。第5章では、こうした漢語を用いて授業が行なわれる中等教育や高等教育へのアクセスがスムーズにできるための1つの対策としても考えられている双語教育の早期化について見ていきたい。

第 5 章

双語教育における母語の重要性

新疆も含めて、中国における従来の少数民族双語教育は、民族語（母語）と漢語を同じレベルにまで達成させる「民漢兼通」を目標とし、母語が形成された後、漢語教育を実施することが重視されてきた。しかし、近年中国国内で進められている双語教育の拡大政策は、民族語よりも漢語の習得を相対的に重視する傾向にあり、その結果、従来教授用言語として位置づけられていた民族語が1つの教科へと変わりつつある。新疆における双語教育の導入は、今日ますます促進拡大されるようになっている。双語教育研究においても、第二言語習得のスタート年齢は早いほどよいとの考え方が主流であり、少数民族の子どもの教育や成長における母語形成期の重要性や彼らが置かれた社会的言語環境、家庭での言語生活への配慮はほとんど見られない。

　本章では、まず、言語学や社会言語学の視点から二言語教育における母語の役割について考察を行なう。続いて、小学校や幼稚園で実施した参与観察およびインタビュー調査から得たデータをもとに、漢語を教授用言語とする双語教育の早期化が、はたして民族教育の質を高め、また少数民族の子どもたちの進学や就職への道を広げ、彼らの教育や将来の生活状況を改善させることにつながるのかどうかという問題について検討を行なう。

第1節　双語教育における母語の位置づけ

　本節では、二言語教育における母語の役割について母文化保持と学力向上の2つの側面から考察を行ない、言語形成期を中心に子どもの第二言語を学習し始める適切な時期について検討する。

1.1　母語の役割

　母語は家庭やコミュニティでの生活を支える欠かせない言語である。二

言語教育における母語の役割については言語学や社会言語学の研究が多くの蓄積を見せている。言語学の視点から中島（1998）は、「母語は考える時、夢を見る時、数を数える時、日記をつける時、詩を書く時などに使うことばであり、無意識の層につながっていて、一番自信をもって自由に使えることばである。そしてまた、自分が成員として受け入れられている言語集団のことばでもある」と二言語話者（バイリンガル）を育てる上で、一番大事なことは、子どもが初めて出あうことばである母語をしっかり育てることの重要性を指摘している。また、バイリンガルになるための決め手となるのは、子どもの母語・母文化であるとして、母語がしっかり育たない状況では高度のバイリンガルの力を育てることはまず不可能に近いと述べる（中島1998:18）。さらに、「会話を中心とした言語力が読み書きの力にジャンプするのは、母語でするのが一番効果的であり、[省略] 第2、第3のことばの読み書きの力の基礎になる」と第二言語教育における母語の果たす役割を積極的に捉えている。その上で中島は、バイリンガルを育てる上で母語の果たす役割を以下の6つにまとめている。すなわち、

① 母語は社会性の発達にともなって周囲の人々との交流のために、初めて使うことばである。
② 母語は感情や意志を伝えるために子どもが初めて使うことばであり、子どもの情緒の安定のために必要なものである。
③ 母語は知能の発達にともなって考える道具として子どもが初めて使うことばである。
④ 母語は親のことばである。親が親子の交流に使うことばであり、親子の絆の土台となるものである。
⑤ 母語は母の母文化に裏付けられたことばであり、子どもが身につける初めての母文化である。
⑥ 母語は親が作り出す家庭の一員として受け入れてもらうために覚えるものであり、「うちの子」としてのアイデンティティを

ともなったことばである。

　このように母語は、ひとりの子どもが社会的、文化的、知的存在になっていくために欠かせないツールであり、人間形成全体の基礎になるものであると考えられている。母語は、子どもがこの世に生まれ出てから、自分を取り巻く「世界」を探索し、理解するのに重要な役割を果たすものであり、自分とその母語の源泉となる親や言語共同体とを結ぶ絆であり、また自己確立の基盤ともなるものである。母語は親が一番自信を持って使うことばであり、親と子どもの絆をつくるのに大事な役割をする。子どもは母語を通して、親の文化の担い手としてふさわしい行動規範や価値判断を身につけていく。

　また、母語は第二言語の形態的特性を見出したり、これを有効に運用したりするために活用される知識源であり、第二言語の発達を促進するのに重要な役割を果たす（山本 2000:255-266）。山本（2000）は、母語の発達と第二言語の習得との間には相関関係があり、母語の発達が十分でない場合、第二言語の発達もまた十分に進まないと指摘し、母語の重要性について以下のように述べている。すなわち、「子どもの成長にきわめて重要な意味をもつ母語の発達が阻止された場合、子どもへの影響は甚大かつ波及的であることは明白である。母語の発達が阻害されることは、自己表現のために最も身近な言語的媒体を奪われることを意味するだけでなく、母語を通して発達させる他の能力、たとえば認知能力や学力、あるいは第二言語能力などの発達、さらには母語を介して会得する背景文化への理解や家族を含めた母語集団への帰属意識、ひいては個人の自尊心や自信、あるいは価値観などの形成、すなわち人格形成にも影響が及ぶことを意味する」と第二言語学習における母語の重要性を指摘している。

　そして、家庭言語と学校言語が異なる子どもたちにとって、母語教育の経験があるかどうか、特に母語での「書き込み」の有無は彼らの教科学習や学力に直接影響を及ぼすとの指摘もある。例えば、古石（2007）は「二

年間母語教育を受けた後、第二言語による標準テストでネイティブ話者の平均レベルに到達するのに数学と言語技術の場合には2年、リーディング、社会、科学では5〜7年かかる。母語教育を受けていない子どもの場合は、第二言語によるリーディング、社会、科学の標準テキストでネイティブ話者の平均レベルに到達するには5〜7年以上かかる。おそらく7〜10年、あるいは決してそのレベルに到達しない」と母語教育が如何に大切であるかを指摘している。

このように、母語は子どもの人間形成と認知・学力の向上に不可欠な役割を果たしており、母語が完全に形成され（聞く・話す・読む・書く）、母語による思考を基盤とした第二言語の学習が効果的であり、知的発達にもプラスの影響を与えると言える。

1.2　年齢と母語形成

中島（1998）は、バイリンガルと年齢の問題を考える上で、母語がどのぐらいの年齢でどのように形成されるかを考える必要があるとし、社会言語学の視点から論じられている言語形成期という概念にもとづきながら、バイリンガルの基礎となる母語を育てる上で、言語形成期における留意点を提示している。従来の社会言語学の研究では、4歳から14歳ぐらいまでが言語形成期とされており、4歳以前を言語形成期以前、15歳以降を言語形成期以降と呼んでいる。これに対して、中島は、「母語の骨組みが形づくられる0〜4歳までが非常に大切な役割をしており、バイリンガル児の言語形成期に含めて考える必要がある」と主張し、この時期を「ゆりかご時代」と呼んでいる。そして、0歳から7、8歳ぐらいまでを「言語形成期前期」、9から13歳ぐらいを「言語形成期後期」と呼んでいる。

子どもの外国語学習の専門家であるスターンは、「子どもはその年齢によって言語の習得のプラス面、マイナス面があるだけで、習得が機能的に不可能になることはない。また、言語行動は複雑なもので、ちょうど算数の応用問題を解くのと、歌を歌うのとでは必要な能力が違うように、こと

表1　バイリンガル育成の立場から見た言語形成期

暦年齢	0	1	2	3	4	5	6	7	8	9	10	11	12	13	14	15歳
	ゆりかご時代		子ども部屋時代			遊び友達時代		学校友達時代前半		学校友達時代後半						
	言語形成期前期									言語形成期後期						

出典：中島和子 1998『バイリンガル教育の方法　12歳までに親と教師ができること』アルコ、24頁。

ばの習得でもことばのそれぞれの領域やスキルによって年齢との絡み合いが変わってくる」（中島 1998:30）と親や教師が子どもの年齢にふさわしいことばの力を最大限に伸ばす努力をし、母語の形成期に振り回されないように注意を促している。一方、中島（1998）の「バイリンガル育成の立場から見た言語形成期（**表1**）」の分け方では、子どもの年齢が上がるにしたがって、ことばの交流の場が広がっていき、交流の相手も変化していく。すなわち、「ゆりかご時代」は、親の一方的な話しかけの時代であり、子どもは親のことばだけを吸収するのではなく、親の匂い、身のこなし、顔の表情などをトータルに受け入れていくため、親は自信を持って話せることばを使って話しかける必要がある。「子ども部屋時代」は、自分からことばを使って積極的に回りの世界に働きかける時代であり、この時代に二言語に触れると伸びかかった母語の発達の芽をつみとり、混乱を招く結果になりかねない。「遊び友達時代」は社会性が発達して子ども同士の遊びができるようになる時代、またことばの分析力や文字に対する興味も出てくる時代である。この時期に二言語に十分接触すると、自然に二言語を覚えるが、急激な言語環境の変化は、子どもを情緒不安定にし、母語の発達を停滞させる。「学校友達時代」は親よりも学校友達の影響をより多く受ける時代である。そして、思春期を迎えるに至って母語が固まる。

中島はまた、英語圏の国で学校教育を受けている日本人児童・生徒を対象に行なった調査研究を通して、言語差の大きい日本語と英語の二言語でも「認知・学力面」と会話の対応スタイルで相互依存的関係があることを明らかにし、母語形成期以前の第二言語教育にはよけいな時間がかかると指摘している（中島 1998:128-142）。

以下では、新疆で行なわれてきた双語教育（漢語）が、近年前倒しになり、早期化しつつある現状について、小学校および幼稚園の事例を見ていく。その上で、中島（1998）が提示している言語形成期の年齢区分にしたがって、双語教育における母語の役割の重要性について考察を行なう。

第2節　母語形成期後期における双語教育とその実態——初等教育

　本節では、小学校三年生を対象に行なった参与観察にもとづいて、母語形成期後期における双語教育の実態を明らかにし、子どもたちが馴染みのない漢語で教育を受けることによって彼らの教育や将来の生活状況が改善されるか（されているか）という問題について考察を行なう。

2.1　調査校の選定と概要
　筆者は、2006年8月から9月の半ばまで、その翌年の2007年9月1日から14日までにかけて新疆ウルムチ市において現地調査を実施した。新疆ウイグル自治区教育庁、新疆ウイグル自治区人民政府教育処、新疆教育研究所を訪問し、双語教育関係者へのインタビューと資料収集を行なうとともに、実際の教育現場として、ウルムチ市のなかでも双語教育を先行的に実施した3つの小学校を訪問した。調査方法としては、おもに、参与観察とインタビューを行なった。参与観察では、3つの小学校すべてで、二年生の漢語科目と三年生の算数科目を中心に授業見学を行なった。インタビューでは、教員、校長、親を対象に漢語を教授用言語とする「新たな双語教育」への対応のあり方、授業形態、親の意識や協力体制などを調査した。以下、その3つの小学校の概況と選定理由について簡単に紹介しながら、3つの小学校で行なわれている双語教育の現状について教授法、教材選択、教員漢語レベル、児童の授業に対する反応などの側面から考察

表 2　言語環境の双語教育への影響

言語環境 調査校	地域的言語環境	学校内の言語環境	家庭内の言語環境（親の学歴を含む）
A 小学校	漢語との接触が少ない	漢語との接触が少ない	漢語との接触が少ない
B 小学校	漢語との接触が少ない	漢語との接触がある程度あり	漢語との接触がある程度あり
C 小学校	漢語との接触が多い	漢語との接触が多い	多様（漢語との接触が多い・少ない）

を行なう。

　①A 小学校は、とくにウイグル族が集中している地域に位置しているが、家庭背景に大きな差異のある児童が入学している。特に、南新疆など他の地域から商売関係で移住してきた人々の子どもが比較的多く入学している点に特徴がある。彼らは、漢族との接触が少なく、就学前の漢語学習経験もあまりない。この学校は、1949 年創立以来、ウイグル族の子どもたちが通う民族学校であったが、2004 年 9 月に元々あった一学年 6 クラスに 2 クラスの漢族児童を加えて「民漢合校」をつくり、それと同時にウイグル語と漢語の双語教育をスタートした。教職員は約 100 人おり、そのうち漢族クラスの授業を担当している漢族教員は 10 人、民族クラスの漢語科目を担当している「民考漢」教師は 3 人で、その他はウイグル語を母語とする教員である。

　②B 小学校も A 小学校と同様にウイグル族が集中する地域にあるが、大学の附属小学校であるため、その大学教職員の子どもたちが多数在学している。この学校では、一学年に民族クラスと漢族クラスが 1 つずつあり、原則として外部の子どもが入学できないシステムで、大学の附属幼稚園から上がってきた子どもたちが大多数を占めている。民族クラスは、2001 年から「双語クラス」に変えられており、入学時に漢語ができない子どもは受け入れていない。近年は、祖父母が大学の教員であるという理由で入学希望者が増えつつある。教育局の規定において、B 小学校では一学年にクラスを 1 つ以上設けることが許可されておらず、入学希望者は 60 人までしか受け入れていない。教員は、15 人おり、そのうち「民考漢」は 3

人である。

　③C小学校は、漢族を主とする国営企業M社が設立・運営する小学校であり、在学児童のほとんどが同社社員の子どもたちである。2005年まで、民族学校と普通学校に分けられており、民族学級は各学年に1クラスあり、小学校から高校まで一貫制をとっていた。2005年9月からは、そのうちの小学校が普通学校と合併し、「民漢合校」のC小学校になった。C小学校では2006年現在、一学年7クラスあり、そのうち少数民族の子どもたちを対象とした民族クラスは1クラスしかない。教職員は117人で、そのうちウイグル族教員は19人である。この学校には漢族クラスに通っている「民考漢」が200人おり、毎年、民族クラスよりも漢族クラスに入ろうとするウイグル族児童が多い。2006年は、ウイグル族児童が民族クラスに17人、漢語クラスの40人入学していた。しかし、2007年9月には、民族クラスへの入学希望者が少ないため、民族クラスは閉鎖された。

　これらの小学校は、双語教育の実施に必要となる教員の漢語レベルなど様々な諸条件が比較的早く整った小学校であるが、このうち、A小学校は、ウイグル族が集中している地域にあって、学校でも漢語との接触チャンスは少ないため、社会的言語環境や学校における言語環境は双語教育に不利に働くことが予想される。また、A小学校では南新疆などから商売関係で移住してきた人々の子どもが約6割と多くを占めており、子どもが家庭で親から漢語を教えてもらえる可能性もきわめて低いため、言語をとりまく社会環境は双語教育に不利に働くと考える。B小学校は、A小学校と同じくウイグル族集中地域にあり、社会的言語環境は双語教育に不利に働くと予想されるが、学校における言語環境はA校よりよいと予想される。また、この小学校は大学の附属小学校であり、子どもたちの親のほとんどは大学の教職員である。したがって、親による漢語学習の指導は可能であり、家庭の環境はある程度有利に働くと予想される一方で、親の学歴など家庭背景の違いがあるため、家庭での言語環境は多面的に作用することが予想される。そして、C小学校は漢族が集中している地域にあるため、

社会的言語環境と学校における言語環境は双語教育に常に有利に働くと予想される。親の学歴など家庭背景の違いによって、家庭的な言語状況は多様であると予想される。こうした多用な背景をもつ3つの小学校を比較検討することによって、双語教育の実態を、学校教育の内実だけではなく、言語環境も含めて総合的な視野から明らかにすることが可能となる。

実地調査では、3つの小学校の各学年においてすべての教科別授業の参与観察を行なったが、以下では、「語文」[1]と「算数」の授業を取り上げることにする。その理由は、従来の「漢語」に代わって新しく「国語」科目に位置づけられた「語文」と理系科目である「算数」は、小学校低学年において基本的かつ重要な科目である。その様子を観察・分析することによって、民族教育の質を向上させるという目的で導入されている双語教育の実態を明らかにすることができると考えるからである。

2.2 双語教育の実態

2.2.1 「語文」の授業

A小学校とB小学校では、「語文」は「民考漢」のウイグル族教師が教えていた。教材はどちらの小学校でも『語文』の下巻を使っていた。『語文』は、もともと普通学校で漢族の児童が使用する教科書で、普通学校では上下二巻を1年で勉強し終えるところを、民族学校では一巻を1年かけて勉強するようになっている。A小学校の場合、教師は書き順を強調

---

[1] 「語文」は、前章において説明を加えたように、普通学校で漢族の児童が使用する国語の教科書であり、漢族児童の場合は、一学年で「上下」の2冊を勉強しているに対して、民族学校では、筆者が調査を行なった時期には、一学年で1冊だけを勉強していた。2013年9月からその教科書を多少修正し、少数民族の子どもたちに難しいと思われた漢詩などの内容をある程度削除した、新疆版の『語文』が出版され、使用されている。しかし、新疆版の語文は、現時点（2015年9月）で三年生までのものしかできていない。

写真1 朗読時間の一面

写真2 一所懸命勉強する子どもたち

しながら黒板に丁寧に漢字を書き、単語の学習と短文を作る練習をさせていた。また、その意味をウイグル語で補足説明していた。練習中には、子どもたちの発音を細かく訂正し、書き順にもチェックを入れていた。続いて、教師は前日勉強した李白の「静夜思」という漢詩を暗誦するように指示した。子どもたちから反応がなかったため、同じ内容をウイグル語で繰り返した。すると全員が詩を暗誦しはじめた。しかし、教師が内容を確認しても、それを漢語で説明できる子どもはいなかった。例えば、「疑是地上霜 Yi shi di shang shuang（地上に降りたのは霧か）」という李白の詩の一節を教師が漢語を用いて単語ひとつひとつを丁寧に説明しても、子どもたちはその全体の意味を理解することはできなかった。

　B小学校の場合、教師は漢語の挨拶から授業を始め、まず前回の復習をかねて漢字の書き取りをさせた。5人の子どもに黒板に漢字を書かせ、訂正の必要があるときには、漢字の書き順から発音までを丁寧に指導していた。授業はなるべく漢語を用い、子どもたちが理解しづらいと思うところではウイグル語による説明を加えていた。例えば、「泉水 quan shui（泉の水）」という比較的簡単な用語でさえ、教師が漢語で説明しそれを子どもに理解させるのは意外と難しいようで、子どもたちはその語を漢語で説明されても、水道の水なのかミネラルウォーターの水なのか、泉の水なのかイメージできない様子であった。教師がウイグル語の訳語「bulak suyi（泉の水）」を使うことによって、ようやく子どもたちはそのことばの意味

を理解できたのである。

　いずれの学校でも、学校側は授業中にウイグル語を使わないように教師を指導しているようだが、授業を担当している教員らは「漢語ばかりでウイグル語を使わないと授業がなり立たない」と母語であるウイグル語の必要性を訴えていた。また、日常生活で漢語を理解できる程度の能力では、普通学校用に作られた教材『語文』にはついていけそうになく、事実「漢語の学習時間が短い子どもに、この教材は難しすぎる」と教員は語っていた。

　一方、C小学校ではウイグル語ができない漢族のW教師が「語文」を教えていた。教材は他の2校と同じく『語文』の下巻を使っていた。校長の話によると、C小学校ではこの授業を担当できるウイグル族の教員がいないため、もともと音楽が専門で「語文」を教えた経験のないW教師が教えることになったという。このクラスは、すでに上巻を勉強し終えて下巻に進んでいたが、授業中に先生がよく使うことば、例えば「请读三遍（三回読んでください）」、「请读一遍（一回読んでください）」ということばさえ子どもたちは理解できていなかった。授業中に漢字の練習をさせていたが、先生が書き順の間違いなどを訂正することはなかった。授業の終わりに、先生が漢語で笑い話をするように指示を出したが、自ら手を挙げる子どもはひとりもいなかった。先生に指名されてようやくひとりの子が前に出たが、暗記している笑い話を機械的に話して席に戻ってしまった。この話を聴いて、笑みをみせる子どもはいなかった。するとひとりの子が手を挙げて、漢語で「老师，维吾尔语讲行吗？（正しい言い方は、老师，用维吾尔语讲也行吗？）（先生、ウイグル語で言ってもいいですか）」と聞いた。先生は「嗯，行（うん、いいですよ）」と答えた。その後6人の子どもが母語を使ってApendi（阿凡提）の笑い話をしたが、この時には児童みんなが笑っていた。同じApendiの笑い話でも、漢語で話すときとウイグル語で話すときとでは、視線、眉毛の動かし方、肩の使い方が異なるなど、人に与える話し手の印象が相当違ってみえた。ウイグル語では流暢かつ生き生きと

はしゃいだ感じの語り口だったのに、漢語では静かで大人しく、しかも話がとぎれとぎれで面白さがまったく伝わってこなかった。

W氏は、地元出身の漢族ではあるが、少数民族の児童・生徒に漢語を教えるという経験もなく、教授法もよくわかっていない。漢語を教えることは正しい発音を覚えさせるだけのことではない。このような教員が教えることによって漢語の正しい発音を身につけるというメリットはあるが、単語量がまだ少ない子どもには第二言語を習得させる際、第一言語による補足説明の必要性と教員の資格や教授法などにも注意が必要と思われる。

以上3つの小学校の「語文」授業の進度はほぼ同様であったが、子どもたちの反応、質問に対する答え、練習の様子などはそれぞれ異なっていた。A小学校とB小学校の教員は、漢語を母語とするネイティヴの教員ではなかったが、「民考漢」であるため漢語を第二の母語と捉える者も存在する。「語文」は、文化的な背景が違う子どもたちにとって理解の難しい科目である。したがって、子どもたちには文化的な知識を含めた母語による補足説明が必要であり、それによってはじめて子どもたちは、漢語の意味を理解しながら「語文」科目の内容を身につけていくのである。すなわち、母語による説明が子どもたちの第二言語の認知面を獲得する基盤を提供するのである。教員不足とはいえ、単に漢語ネイティヴであることを理由に民族言語を話せない教育未経験の人間が低学年の子どもに漢語を教えることは、かえってマイナスの学習効果を与えかねないのである。

2.2.2 「算数」の授業

算数の授業は、3つの学校いずれも、長さや厚さを測る単位についての内容であり、漢語の研修を受けてきたばかりのウイグル族の教師が担当していた。教科書はそれまでは漢族用の教科書を民族語に訳したものを使ってきたが、そのときには漢族用の教科書をそのまま使用していた。教授法は現在もっとも重視されている「直接法」であり、板書にはすべて漢字が使われ、授業中も教師は出来るだけ漢語を使うようにしていた。但し、教

員が漢語で表現することに限界を感じた場合には、適宜ウイグル語に切り替えていた。

　授業は「長度（長さ）、厚度（厚さ）、寛度（広さ）」などの用語の学習であった。最初に先生は漢語で子どもたちに質問を始めた。

　　「1 米等于几分米？ Yī mǐ děngyú jǐ fēnmǐ」
　　（1 メートルは何デシメートルですか）
　　「1 分米等于几厘米？ Yī fēnmǐ děngyú jǐ límǐ」
　　（1 デシメートルは何センチメートルですか）
　　「1 厘米等于几毫米？ Yī límǐ děngyú jǐ háomǐ」
　　（1 センチメートルは何ミリメートルですか）
　　「书的厚度用什么单位衡量呢？ Shū de hòudù yòng shénme dānwèi héngliang ne」（教科書の厚さはどの単位で測りますか）

　漢語での質問に積極的に手を挙げて答える子どもはいなかったが、同じ質問をウイグル語で繰り返すと手を挙げて答える子どもが数人出てきた。授業の最後に先生が「今天我们学了什么？（今日はどういう内容を勉強しましたか）」と聞き、さらに「要用汉语回答，知道了吗？（かならず漢語で答えるのですよ。分かりましたか）」と念を押した。にもかかわらず、子どもたちはウイグル語で「Biz santimetir millimetirni ugenduk（私たちは、センチメートルとミリメートルを勉強しました）」と答えた。それに対して先生は再び「用汉语回答！（漢語で答えてください）」と指示を出し、子どもたちはようやく意味を理解したという顔で「我们毫米，厘米学了　Women haomi, limi xue le（本来の漢語の語順なら、我们学了毫米和厘米　Women xue le haomi he limi）」と漢語で答えた。それはウイグル語の語順に漢語の単語を入れ込んだ答え方であった。

　算数の授業では「厚さ、長さ、横、縦」などの基本的な用語を漢語でどう表現するのかさえわからない子どもたちが多数を占めていたため、45

分の授業のなかで算数の専門用語を勉強させたり、漢語で行なった授業内容をウイグル語で繰返して説明を加えたりしていた。こうした授業形態は、授業の質やその進み具合にも影響を与え、同じ学年の漢族クラスとは量的・質的格差を生み出すように思われる。

写真3　黒板の横を図ってみよう

また授業以外の場面で子どもたちが使用している言語を聞いてみると、先生との会話や子ども同士の会話はすべてウイグル語で行なわれており、漢語の使用は非常に少ない。漢語を使った授業で、子どもたちが先生の質問に対して漢語で反応しないのは、学習内容についていけないだけではなく、馴れない言語表現へのとまどいもあったと思われる。

2.2.3　考察

「語文」と「算数」の2科目の事例から民族学校における漢語導入の実態の一端をうかがうことができた。まず、『語文』は「国語」の教材であり、語学の教材ではない。その内容は、古文や詩歌などが含まれており、現代文にしても文化的な背景が漢族と違う少数民族の子どもたちには理解できないものが多い。社会的言語環境が双語教育に不利に働くと予想していたA小学校とB小学校では、民族語と漢語に精通している教員が必要に応じて母語による補足説明を加えながら授業を進めていたため、子どもたちは少なくとも習った単語の意味、書き順、発音はできていた。一方、社会的言語環境が双語教育に有利に働くと予想していたC小学校では、民族語ができず、少数民族の児童・生徒に漢語を教えた経験もない漢族の教員が漢語のみで授業をしていたため、子どもたちは習った単語の意味や書き順などを習得できていなかった。「算数」の授業は、どの小学校でも

少数民族の教員がしていたが、馴染みのない漢語で授業する側も、その授業を受ける側も困難を感じている様子であった。

このように、ウイグル社会では、漢語と接触ができる社会的言語環境に恵まれている子どもであっても、学校教育を漢語で受けることに困難を感じており、社会的言語環境あるいは校内の言語環境が双語教育に有利に働いているとしても、現時点では教授言語に漢語を用いることで民族教育の質を高めることは難しいと考える。

しかし、それぞれの学校では、ウイグル族教員の漢語研修派遣など、漢語導入に向けた積極的な取り組みが見られる。そうした体制のもとで「語文」や「算数」の授業が実施され、子どもたちも熱心に学習に励んではいた。そこで、これらの教室の様子から、民族学校における漢語の導入に関して、いくつかの共通の課題が見えてくる。まず、漢語を教授言語に用いることによって、少数民族の子どもたちの習熟度の限界が明らかになった点である。「語文」でも「算数」でも、教室では教員が適宜ウイグル語を交えて授業を行なわざるをえず、それは母語のみによる授業に比べて確実に科目の学習効果を阻害している。

岡本夏木（1985）によると、幼児期から思春期の入り口まで続くことばの基盤づくり、いわゆる母語の獲得プロセスにおいては、「一次的ことば」と「二次的ことば」という質的に異なる2種類のことばが存在するという。「一次的ことば」は、「特定の親しい人との対面対話場面で、その場と具体的に関連した事象をテーマに話し合ってゆく」（岡本 1985:34）ことばであり、最初に子どもが身につけるものである。「二次的ことば」は、「子どもが学校教育を受けるようになってから獲得が求められることばであり、抽象化された聞き手一般に対して、必ずしも現前の具体的な場面にはないことがらについて語るときに使われる」（岡本 1985:148-150）ことばである。学習に困難を感じることが多いとされている小学校中学年の時期においては、「一貫して第一言語（母語）で教育を受けていてさえ、一次的ことばから二次的ことばへの質的転換は子どもにとって大きな認知的負担をかけ

る」（古石 2007:184）。にもかかわらず第二言語で教育を受ける少数民族の子どもたちはそうした質的転換を、母語ではなく第二言語を使って乗り越えなければならない。こうして現在、民族学校や民族クラスにおいて学ぶ子どもたちは二重の困難や学習負担を強いられ、勉強に対する興味・関心を失い消極的な立場に追い込まれている。それは最終的に民族学校（クラス）の子どもと漢語学校の子どもの間での教育格差の再生産へとつながり、現在の双語教育にもとづく民族教育のままでは政府が目指す教育平等の理念が十分にいきわたらない可能性を示している。

　また、教員の側の問題として授業における漢語力不足がある。「算数」の授業に見られたように、たとえ漢語の研修を受けた後でも、ウイグル語を母語＝教授言語としてきた大多数の少数民族教員にとって、漢語で授業をすることは大きな負担であることがうかがえる。こうした課題を抱えたまま、限られた時間（週6コマ、1コマ45分）のなかで授業を行なわなければならない双語教育の実態を見るとき、子どもたちは漢語能力と引き換えに、その学習目標の達成を犠牲にしていると考えざるを得ない。先ほども述べたように、それは最終的には民族学校（クラス）と漢語学校の教育格差の再生産へとつながっていく懸念を抱かせるものである。

第3節　母語形成期前期における双語教育とその実態――幼児教育

　本節では、幼稚園での参与観察を通して、母語がまだ形成時期にある子どもを対象に実施されている幼児双語教育の実態を明らかにし、本来の幼児教育のあり方や第二言語を学習させる適切な時期、第二言語学習における母語の役割などについて考察を行なう。

3.1 新疆における幼児教育

1980年代以降、中国においては就学前教育としての幼児教育の重要性が認識されるようになり、1995年公布の中華人民共和国教育法第17条により就学前教育を含む学校教育制度が体系化され、「幼児園」と名づけられた。但し、全国的にみれば、幼児教育に対する教育行政部門の関心が低い地域もあり、幼児教育はきわめて不均衡な発展状況が続いている。すなわち、東部の急速な発展と西部少数民族地区の緩慢な発展の間に激しい格差が存在している。また、同じ地域内においても、経済成長の速い大中都市における急速な発展とは対照的に、小都市や農村など経済的に立ち遅れた地域における幼児教育の発展はきわめて緩慢である。

新疆では、幼児教育それ自体まだ緩やかな発展段階にある。近年まで、都市部の勤労者でも子どもを託児所、あるいは、祖父母に預ける者が多く、幼児教育の重要性に対する保護者の認識は希薄なものでしかなかった。また、教育行政部門の関心も低く、農村地域では、幼児園さえ設立されていないという現実から、農村戸籍の子どもはほとんど幼児教育を受けるチャンスがなかった。しかし、義務教育の普及にしたがい、幼児教育に対する要求が高まり、特に、都市部で、幼児教育を受けていない園児の入学が厳しくなってきたため、人々の幼児教育に関する意識も高まっている[2]。

2　ウイグル社会では、結婚後も親の近くにおり、子どもが親の世話をし、親は孫の世話をするという生活様式が維持されてきた。親が近くにいる若者は、子どもを保育所や幼稚園に預けることはほとんどなかった。祖父母に育てられた子どものほとんどは漢語ができないし、小学校に入学する前、家庭で漢語を習うこともあまりない。2000年以降、漢語を教授用言語とする双語教育が小学校から導入されることになってから、子どもが小学校に入学する時、幼児教育を受けたかどうかを問われるようになってきた。筆者が2006年カシュガルで行なった現地調査では、カシュガル市にある小学校に入学する条件の1つとして幼児教育卒業証明書を提出すること求められていた。特に、普通学校や双語小学校に入学を希望する場合は、幼児教育ないしは就学前教育を受けた証明が必要であった。

新疆における幼児教育の普及や拡大は、なにより双語教育と関連している点が特徴的である。幼児教育制度が比較的整備されている地域では、小学校における双語教育のさらなる強化に合わせて、幼児双語教育が導入され、急速に拡大している。これは、前節で述べたように、民族小学校の教育カリキュラムに新しく追加された「語文」の授業や、教授用言語が漢語に変えられた算数の授業などに子どもたちをスムーズに対応させるためと考えられる。また、進学や就職において、少数民族に対して求められる漢語能力の基準が近年高まっており、子どもの漢語レベルを高めるため、早期双語教育の希望者が増加している。こうした人々の要求に応えるため新しく設立される幼児園はほとんど「双語幼児園」であり、幼児双語教育の普及に拍車をかけている。例えば、ウイグル語話者が総人口の9割近くを占めているカシュガル地区においても、幼児段階からの双語教育が急速に進んでいる。同じカシュガル地区の疎勒県では、2006年5月から2007年8月まで双語幼児園が81ヵ所設立され、双語教育が進んでいる。このように新疆の都市部から農村地域まで幼児教育が普及している背景には、人々の早期双語教育への要求の高まりと自治区政府による幼児双語教育の拡大政策が大きな影響を及ぼしているといえる。

3.2　幼児教育に関する予算配分

　幼児双語教育が教育行政において重視され、本格的に実施されるようになったのは2006年からである。2004年、自治区党委および人民政府が双語教育を推進する決定（「自治区党委、人民政府関于大力推進"双語"教学工作的決定」）を出し、「子どもが幼いころから双語教育に力を入れ、教員の双語レベルを高めることに力を入れる（从小抓起、从老師抓起）」という方針で幼児双語教育を実施することを決めた。同時に、「2006年から全新疆で率先して双語教育を実施する都市（2006年在全疆率先実施"双語"教学模式城市）」を指定した。さらに、2006年、自治区教育庁および財政庁が「2006—2010年まで、7つの地域や自治州を援助し、農村における幼児双

語教育事業の実施および予算配分に関する方案（2006年―2010年自治区扶持七地州開展農村学前"双語"教育工作和経費使用方案）」を立てた。この方案では、5年間、7つの地域や州の56の県（市）において、農村戸籍の園児の85%以上が2年間の幼児双語教育を受けられるようにする計画を立てている。それにかかる経費として、2006年9月、自治区は5万1900名分の園児の給食費（3食）と教材費、1296名の双語教員の給料など幼児双語教育経費として2244万元（約3億6000万円）を支給した。また、当年年度末には予定数を超えた入園応募者分に対して、さらに、900万元（約1億5000万円）を追加した。こうした、予算配分は人々の幼児双語教育への積極性をさらに引き出し、彼らの希望と合致したため、幼児園さえ存在しなかった辺鄙な農村地域まで幼児双語教育の拡大を促しつつある。

　このような現地社会の積極的な漢語受容に関しては、中央・地方政府による強力な政策的な働きかけにも言及しておかねばならない。西部地域を対象とする双語教育の推進には、中央政府による国家統合へ向けた基本方針が深く関わっているのはいうまでもない。西部地域の双語教育は、同地域の経済開発と平行して推進されている。「少数民族地域で経済開発を促進することは、経済統合を通して周辺民族の国家への帰属意識を強化することで民族問題の解決を図る、という中国政府の方針に即したものでもある」[3]。同様の方針は近年の民族教育の動向にも見出される。本来的に中国の民族教育には矛盾する2つの方向性が含まれているといわれている[4]。それは多民族国家における国民統合を達成するための「国民教育」の方向性と民族言語や文化の保持を志向する「民族教育」の方向性である[5]。近年学

3　王柯（2005）『多民族国家　中国』岩波書店、165頁。
4　中島勝住（1985）「中華人民共和国における少数民族教育問題」『多文化教育の比較研究教育における文化的同化と多様化』（小林哲也他編）九州大学出版会、290-293頁。
5　同上。

校現場で強化されつつある漢語（双語）教育は、これらの方向性の力点を「民族教育」から「国民教育」へと移すものである。現在の中国におけるこのような民族教育あるいは漢語強化の流れは、公式的な社会主義の理念というより、国家統合というプラグマティックな目標にもとづいていると言えよう[6]。

3.3　教育内容における双語教育的要素

中国教育部が2001年に公布した「幼児園教育指導綱要（試行）」第一部2条には、各地域の実情に即した教育を行なうことが認められており、5条には、児童の人格と権利を保障し、健全な心身の発達を促進する教育を行なうことが義務づけられている。第二部2条の言語に関わる部分では、言語教育の目標として、①他人と礼儀正しく、気持ちよく話し合うこと。②相手の話を傾聴し、日常用語が理解できること。③自分の考えをきちんと伝えられること。④物語を聞いたり、絵本を読んだりすること。⑤「普通話」（標準語）を聞き取れる、話せることという項目が挙げられている。「普通話」の学習に関しては、さらに、児童に「普通話」の言語環境を提供し、「普通話」を熟知する、聞き取れる、話せるように指導をすることと、少数民族地域では幼児の母語教育を行なうよう定められている。そこには双語教育に関する文言はないが、地域性を認めながらも「普通話」普及を幼児教育にまで引き下げようとする動きがうかがえる。

一方、新疆の幼児教育綱要には、「幼稚園での教育内容は漢語の会話練習を主とする」という双語教育に関する規定が加わっている。カリキュラムでは、漢語会話、漢語ピンイン、算数、言語（会話練習、読み聞かせ、童謡を歌うなど）、音楽（漢語歌の学習）、絵画、体育などを含むと記されてい

---

[6]　岡本雅享（2001）「中国のマイノリティ政策と国際規準」『現代中国の構造変動7（中華世界－アイデンティティの再編）』岩波書店、97-103頁。

写真4　新疆の幼稚園の統一教科書（1）　　写真5　新疆の幼稚園の統一教科書（2）

る[7]。具体的には、第一学年では主に会話を学習させ、第二学年では、会話学習の継続と同時に漢語ピンインの練習や発音練習を行ない、園児の漢語における聞く、話す、読む力を育てるといった基準しか見られない。この2年間の幼児教育を通して、簡単な日常会話と交流できる漢語能力を身につけさせようとする漢語に重点を置いた双語教育カリキュラムが設けられている。しかし、そこには園児の第一言語、すなわち母語の学習に対する文言は見られない。

　教材に関しては、小学校低学年の学習内容に劣らぬほど充実しており、新疆ウイグル自治区小中学校教材審査委員会が出した『少数民族学前双語教育』に加えて、各地域あるいは幼児園が独自の教材をつくり使用している。例えば、『学前"双語"教育漢語児童歌謡50首』、『学前"双語"教育漢語日常用語100句』などがある。これらの教材も「双語教育」のために作成したものの、民族言語・文字が含まれていない。後述するように幼児教育においても初期段階である「小班」でさえ学習カリキュラムが組まれており、遊びながら自然に覚えていくのではなく、教える・学ぶことがより強調されて、「小学校化」の傾向が見られる。

7　　疎勒県教育局作成『疎勒県農村双語幼児園工作手冊』2007年。

双語教育を効率よく行なうには、親たちの「教育熱」や制度の整備と並んで、教育を担当する教員の養成が欠かせない。現在、新疆の幼児教育を含めて、小中学校や高等学校に勤めている少数民族教員は 14 万 4780 人おり、そのうち「双語」教員は 1 万 8342 人で、少数民族教員の 12.7%を占めている[8]。「双語」教員は量的に不足しているだけではなく、その僅かな「双語」教員のなかには漢語レベルが不十分な者もおり、質の問題も緊急課題となっている。特に、カシュガルなど少数民族の集住地域においては、社会的言語環境の影響もあり、教員の発音や声調（アクセント）に誤りが多い[9]。また、表現力も不十分であり、言語に関わる文化的な知識が欠けている。一方、近年採用されている漢民族の「双語」教員のなかには、少数民族言語ができず、少数民族の文化を理解していない者が多い。また、漢語ネイティブではあるが、その漢語に訛りが残っている教員もいる。「黄金期間」たる幼年期から第二言語を習得させる場合、正確な発音、声調を覚えさせることは非常に大事である。幼児双語教育を小学校での双語教育にスムーズに接続させるためには、幼稚園で双語教育を担う教員の育成にも十分力を注ぐ必要があると思われる。

3.4　幼児双語教育の実態

3.4.1　調査の概要

　筆者は、2007 年 8 月から 9 月の半ばにかけて現地調査を実施した。訪問先としては、新疆の区都であるウルムチ市の「民漢合園」[10]の幼児園

8　努尔・白克力「科学規划 開拓進取 狠抓質量 促進学前"双語"教育持続健康発展——在自治区学前"双語"教育工作現場会上的講話」2007 年 6 月 27 日。
9　例えば、そり舌音の発音「zhi」、「chi」、「shi」と舌歯音「zi」、「ci」、「si」がはっきりしない、前鼻音「n」と後鼻音「ng」の区別がつかない、声調がはずれるなどである。
10　「民漢合園」とは、教育庁の規定に従って、従来の民族幼児園と漢民族幼児

1ヵ所（以下 A 幼児園とする）および、ウイグル語話者が多い、ウイグルイスラーム文化のシンボル的な地域として知られているカシュガル市内にある民族幼児園を 1 ヵ所（以下 B 幼児園とする）である。いずれも公立幼児園であり、それぞれの地域では規模の大きい、評価の高い幼児園である。その他、公立幼児園（農村部）と私立幼児園（都市部）も数ヵ所訪問した。調査方法としては、主に、参与観察とインタビューを行なった。参与観察では、A 幼児園と B 幼児園の授業見学、園児同士の会話、遊ぶ様子、子どもと教員の会話などについて観察を行なった。インタビューでは、教員、園長を対象とし、幼児双語教育への対応のあり方、授業形態、親のそれに対する意識や協力などについて聞き取り調査を行なった。

A 幼児園の概況

中華人民共和国の成立と同時に設立された A 幼児園は、2007 年 9 月現在、450 名の園児が在籍している。その 3 分の 2 は少数民族の園児であり、大多数はウイグル族、ごく少数であるが、カザフ族やウズベク族の園児もいる。残りの 3 分の 1 は、漢民族の園児である。教職員は 33 名、そのうちウイグル族は 22 名、「民考漢」の教員は 2 名、漢民族教員は 11 名。その他、非常勤講師や「臨時工（パート）」を合わせて 27 名の教職員がいる。A 幼児園のクラスは表 3 のように分けられている。

各班に民族クラスが 1 つあり、それ以外のクラスは少数民族と漢民族園児が一緒になっている「民漢混合班」[11]である。これらのクラスでは、漢民族の教員が担任となり、ウイグル族の保育士が 1 人ついている。

---

[11] 「民漢混合班」とは、幼児園で二言語使用に有益な言語環境を作り出すため、1 つのクラスに、少数民族幼児と漢民族幼児を一定の割合で入れて設けたクラスである。

園を合併したものである。その目的は、少数民族の幼児と漢民族の幼児を一定の割合で募集し、園内での言語環境を双語教育に有益にするためである。

表3　A幼児園のクラス数と園児数

	園児年齢	クラス数	クラス内園児人数(人)	付注
小小班	3歳未満	1	25	9月入園希望の園児を対象
小班	3	3	30〜40	そのうち一つが双語班
中班	4	2	40〜50	そのうち一つが双語班
大班	5	3	40〜50	そのうち一つが双語班
大大班	6	2	60〜70	志望校に入学できず幼児園にとどまっている子どものクラス

表4　B幼児園のクラス数と園児数

	園児年齢	クラス数	クラス内園児人数(人)	付注
小班	3	3	40	入園希望者がまだ多数いる
中班	4	4	40〜50	
大班	5、6	3	50	未入学園児も含む
芸術班	4、5、6	2	40人	中班と大班

　B幼児園の概況

　カシュガル市の中心部にあるB幼児園は、1957年に設立された民族幼児園であり、園児は全員少数民族（そのほとんどがウイグル族）の子どもたちである。この幼児園は1985年からカシュガル地区の観光地の1つとなり、中国の各地域および外国人観光客も多く訪れる。2007年現在、園児数は480名であり、教職員は54名である。幼児園の書記を除いて、すべてウイグル族、そのうち「民考漢」の教員は4名いる。B幼児園のクラスは、**表4**のように分けられている。

　「芸術班」は、この幼児園の特徴とも称されているクラスであり、民族舞踊に興味をもっているか、あるいは、入園した時点である程度踊りや歌ができる子どもたちを選んで特別教育を行なっている。その子どもたちはこれまで、自治区レベルおよび全国レベルの数々のコンサートで賞や証書を取り、テレビなどに出演するほどの実績がある。

3.4.2　A・B幼児園の選定理由

　訪問先としてA幼児園を選んだ理由は、①ウルムチ市でもウイグル族

が集中している地域に位置していること。ウイグル族をはじめ、漢民族、カザフ族、ウズベク族などの他民族の園児がいること。②新疆で双語教育が実施される以前、最初に「双語実験班」の実験現場として選ばれた幼児園であり、双語教育の実施歴が長いこと。③現在は、典型的な「民漢合園」であり、幼児園の設備、教員の質、園内での使用言語など双語教育を進めていく上での環境がソフト・ハード両面において整っていることである。先進的な取り組みを行なっているこの幼児園を見ることによって、早期双語教育の導入における最前線の実態を把握することができると思われる。

　B幼児園を選んだ理由としては、日常的に漢語と接触する機会が多い地域にあるA幼児園に対して、①ウイグル語話者が多い地方の中心地域であること。②この幼児園は、市の中心にあるため、家庭背景が多様な園児が入園していること。③この幼児園は、新疆政府の教育援助およびカシュガル地区の教育援助を受けているほか、1999年から日本の援助も受けており、双語教育実施にあたって、教育設備などのハード面が十分整っていることである。この幼児園を取り上げることによって、第二言語を学習し始める適切な時期の再検討と、地域社会の言語環境や教員の双語能力などに即した幼児双語教育の必要性を明らかにすることができると思われる。

　以上の2ヵ所の幼児園を比較して見ることによって、現在新疆の各地域で実施されている幼児双語教育の実施状況や拡大の様子、およびその実態を明らかにすることが可能となる。また、中国の双語教育を「二言語共生」という新たな視点で考察する際、重要な手がかりを得られると考える。

3.4.3　A幼児園の双語教育現状

　幼児双語教育が本格的に実施されたのは2006年であるが、筆者が訪問したA幼児園とB幼児園においては、それぞれ1989年と1993年にすでに始められている。どの幼児園も小学校にひけをとらない教育カリキュラムを立てており、園での生活用語や学習用語はできるだけ漢語にするよう

表5 A幼児園の時間割表（1コマが20分）

	月曜日	火曜日	水曜日	木曜日	金曜日
活動一	双語	主題活動	算数	双語	算数
活動二	芸術	主題活動	主題活動	主題活動	主題活動
活動三	区角戸外＊	区角戸外	区角戸外	区角戸外	区角戸外
（午後）活動一	算数	英語	主題活動	芸術	算数
活動二	主題活動	主題活動	主題活動	主題活動	班会
活動二	主題活動	主題活動	主題活動	主題活動	班会

「区角戸外」とは、ブロック遊びなどができるスペースを教室の四角に設置し、それを活用したプログラムである。

努めている。

　A幼児園は、89年「双語実験班」の実験対象幼児園として選ばれ、現在に至っている。しかし、当時は、小中学校での双語教育と同じく、「双語実験班」というクラスを1つ設けて、漢語を第二言語とした双語教育を行なっていた。園児募集のときは、「双語実験班」への希望がある者、漢語と接触がある程度あって、漢語で簡単な会話ができるという条件を満たす園児を選んでいた。現在、このA幼児園は「民漢合園」となり、「小班」、「中班」、「大班」のそれぞれ1クラスが少数民族の子ども（そのほとんどがウイグル族）によって構成されており、ウイグル語と漢語の双語教育を行なっている「双語班」である。その他のクラスは、ウイグル族と漢民族からなる「民漢混合班」であり、形式上は「双語班」であるが、漢民族の教員が漢語を用いて授業を行なっている。このようなクラスには、ウイグル族の保育士が1人ついている。

　筆者が観察した「小班」の「双語班」には、「小小班」から上がった子どももいれば、9月に新しく入園した子どももいた。教員は、「民考漢」が1人と保育士が2人いた。一日の行動では、おもにウイグル語を使い、毎日繰り返す日常的なフレーズは漢語で指導をしていた。例えば、「小朋友们好（みなさんこんにちは）」、「老師好（先生こんにちは）」という朝の挨拶、名前が呼ばれたら漢語で「到（はい）」と返事すること、トイレに行かせる、拍手をさせるなどの指示が漢語で行なわれている。表5は、「小班」クラ

写真6　テキストの勉強

写真7　漢語で園児を数えよう

スの1週間の学習科目である。これらの科目のなかで、「班会（クラス会議）」だけをウイグル語で行なっており、その他の科目はウイグル語プラス漢語という双語を用いて行なっている。

　「中班」の「双語班」では、園でよく使う日常的なことばの学習、読み聞かせ、数字の勉強などすべて漢語で行なっており、「小班」に比べ民族語の使用率が低く、できるだけ漢語を使うことが求められていた。筆者がこのクラスに入ったときは1人の子どもが漢語で友達の人数を数えていた。正しい発音、声調で数え、教師に「老師，今天来了34個小朋友（今日は34名の友達がきています）」と漢語で報告をしていた。毎日繰り返し使っていることばに関しては、子どもたちは理解できている様子がうかがえた。しかし、教師の漢語での問いかけに答えようとする子どもは2、3人しかいない。「主題活動」[12]という学習項目では、子どもたちの身近なものを取り上げ、「这是什么？（これはなんですか）」という質問に答える練習をさせ、子どもたちの漢語表現力を育てることが目的とされている。子どもたちのなかには、毎日使っている教室にある品物であっても漢語で言えない子が多数を占めている。「中班」では、「班会」も含めてすべての科目は漢語で

12　「主題活動」とは、あるテーマに関して子どもたちを漢語で発表させるというプログラムである。

 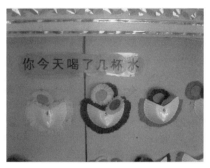

写真8　表現コーナー　　　　　　　写真9　日常用語を漢語のみで表記

行ない、ウイグル語は補充言語として扱われている。母語であるウイグル語もまだ形成時期にある子どもに、漢語中心の双語教育を行ない、さらに第三言語である英語も教育カリキュラムに組み込まれている。

　「大班」の「双語班」は基本的に1年後卒園し、小学校に上がるクラスである。現在民族小学校においても算数など一部の科目を漢語で行なうことが求められているため、「大班」の園児に対しては、漢語を使うことが厳しく要求されている。このクラスでは、学習時間はもちろん、休憩時間やおやつの時間でも漢語を使用することが求められており、注意を強調するときに限って、教師はウイグル語で話しかけている。それは、教師と子どもの日常生活のなかでのことばのやりとりが重要な意味をもっているからと思われる。教師の気持ち、感情を子どもにきちんと伝え、子どものことばを正しく受けとめるには、ウイグル語を使っているか、あるいは漢語を使っているかによって違ってくる。また、その言語によってのみ表現しうる「しつけのあり方、生活習慣の強調、文化的・宗教的な価値観」というものもある。

　「大班」の教育カリキュラムを見てみると、まず、「言語」では、詩の朗読と暗記や識字が中心となっている。「科学」では、算数と自然科学の領域が含まれており、抽象的な数の概念、計算、図形などの学習が主になっている。また「英語」の学習時間も共通のカリキュラムに組まれて

いる。識字では、漢語ピンインや漢字の学習をさせ、ウイグル文字の学習はカリキュラムに入っていない。当日の「主題活動」で、教師は子どもたちに絵を画かせ、それを漢語で説明するように指示していた。しかし、積極的に説明したいと手を挙げた子どもは1人もいなかった。教員は、筆者に「夏休みに長く休んだ子が多かったので、勉強したことを忘れている」と言って、「那，谁用维语说一下，画的是什么内容？（じゃあ、誰かウイグル語で言ってみて、書いた絵はどういう意味か）」と自分が書いた絵についてウイグル語で説明するように求めた。ほとんどの子どもがウイグル語で「Men, men（私、私）」と手を高く挙げていた。また、おやつタイムに教師は、「今天我们吃什么？（今日のおやつは何ですか）」と聞いたが、そのおやつの名前を漢語で言えないためか、子どもたちから反応がなかった。「那用维语说，这是什么？（じゃ、ウイグル語で言いなさい、これはなんですか）」と、また漢語で話かけた。すると、子どもたちは元気な声で、「Qilan（棗）」と答えた。こうした観察から「漢語」で表現することは子どもたちにプレッシャーとなっており、自由に発言や行動をする意欲を抑えている様子がうかがえた。

　教育カリキュラムは中国の「幼児教育綱領」にしたがって行なわれているが、使用言語は園児が馴染んでいない漢語が用いられているために、園児のほとんどが、ただ受け身の姿勢で漢語に接し、積極的に自ら発言したり、先生の質問に答えたりしていないように見える。上の3クラス、特に「中班」と「大班」でも、「双語班」と名付けながら漢語の使用頻度が高く、母語による識字教育はされていない。漢語中心の幼児双語教育を受けた児童が、全員漢語系の小学校に入学するとは限らない。漢語レベルが基準に満たない児童は入学できない場合もあれば、自ら民族小学校を選ぶ児童もある。何らかの理由で民族小学校に進学した児童は、第一言語（母語）の予備知識ができていないため、第一言語の学習と漢語の学習のどちらに対しても十分に準備ができていない状態となり、勉強を嫌がるようになることも多い。また、学習内容の重点も語学学習に偏っており、子ども

写真10　漢語で歌を暗唱する子どもたち

写真11　漢語で遊ぼう

が遊びのなかで様々なものを発見し、それを馴染みのある言語で創造・思考し、表現するといった本来の幼児教育の内容に目が届いていないように思われる。

3.4.4　B幼児園の双語教育現状

　この幼児園は、A幼児園に比べ社会的言語環境が双語教育に不利であり、教員の漢語レベルもまだ不十分でありながらも、双語教育を積極的に推進している。この幼児園の「小班」でも朝の挨拶をはじめ漢語を使い、ウイグル語は補充的に使っている。毎朝、漢語で1から30までの数字と童謡を暗唱させる「朝読」の時間を設けている。園内での放送もすべて漢語で行なわれている。子どもたちは大きな声で先生の後について、詩の朗読や算数のやり取りをしている。園児は、「児歌（童謡）」などを暗唱しているが、日常的な会話はできない。「中班」や「大班」クラスでも同じ傾向が見られた。

　園児のなかで園生活において、毎日繰り返している学習、子ども同士や教師との会話、ゲームなどに積極的に参加している子どもも非常に少なかった。どのクラスでも、先生の質問に答えようとする子どもは数人しかいない。先生から指名され、質問をウイグル語で言えば答えることはできる。ことばの壁が子どもたちの学習意欲だけではなく遊ぶ意欲さ

写真12　ピンインの学習

写真13　幼稚園の芸術クラスの子どもたち

えも失わせているように見える。例えば、「大班」のクラスで先生が、「現在我们玩儿游戏，谁来当司机？（これからゲームしましょうね、誰が運転手の役をする？）」と漢語で声をかけた。しかし、積極的に「私がしたい」という子は1人もいなかった。結局、すべての役を先生が決め、「G君、君はお医者さんですから"你哪儿不舒服？"（どこが悪いですか）と言いなさい」、「Mちゃんは、患者ですから"我肚子疼"（おなかが痛いです）と言いなさい」とウイグル語で教えながらゲームを進めていた。

　B幼児園はA幼児園に比べて、教員の漢語能力が不十分であり、社会的言語環境はほぼウイグル語のモノリンガル地域である。日常的に漢語・漢文化との接触チャンスはきわめて少ない。けれども双語教育はA幼児園より「進んで」おり、園児の遊び時間にまで学習のプレシャーがかかっている。例えば、ゲーム遊びをしていても漢語で進めるように指導されている。また、三歳児の「小班」でさえ、丸暗記させられ、園内では漢語を中心に使い、園児の漢語によるコミュニケーション力を身につけさせる努力がなされている。桐友幼稚園の主事であった大場（1999）は子どものコミュニケーション力を育む上で、子どもが自ら「実感」することの重要性を強調している[13]。漢語や漢文化と接触するチャンスが少ないこの地域で

13　大場牧夫（1999）「幼児園教育の考え方の基本」森上史郎・高杉自子・柴崎

写真14　園児が朝の体操

写真15　幼児教育修了証明書

は、日常的な生活習慣で縁のない漢文化をイメージし、それを第二言語で語るのは簡単なことではない。

3.4.5　幼児園の選択

　現在、多民族が居住している地域では小学校から高校まで「民漢合校」となっており、それは幼児園にまで及んでいる。漢民族が多く居住している地域では、民族幼児園はすべて「民漢幼児園」にかわっている。南新疆など漢民族が少なく「合校」あるいは「合園」の可能性がない地域では、民族学校および民族幼児園がまだ存在している。いずれの地域でも子どもが幼いころから漢語教育を受けることを望んでいる保護者は多い。そのため幼児園を選択する場合、我が子の意思や性格および言語に対する興味・関心を考慮せずに、漢語ネイティブの教員が多く、園児も少数民族より漢民族園児が多い幼児園を選ぶ傾向がある。漢民族が多く居住している地域では、漢民族との接触が多く、遊びのなかで漢語を覚えていくため、漢語使用が主となっている幼児園に行くことに子どもの抵抗は見られない。逆に、少数民族が多く居住している地域では、子どもの日常生活をはじめ、身近に漢民族との接触が少なく、漢語使用の必要性もない場合は、漢語使

　　正行編『幼児園教育要領解説』フレーベル館、35-65頁。

用が主となっている幼児園に行くことに抵抗感が見られる。

　例えば、カシュガル市内に居住しているF氏は、漢語ができない子どもを漢民族が経営しているD幼児園に入園させた。子どもが幼児園にしばらく通ううちに、「耳が聞こえない、幼児園に行きたくない」と言い出した。F氏は、子どもを病院へ連れていき検査をしたが、検査結果は異常なしで健康であった。F氏が話しかけるとそれを聞き取り、返事もできる。F氏は、「私は、家庭ではよく聞こえるし、なぜ幼児園では聞こえないのかと不思議に思いました。それで、子どもに嘘をついたらいけないと教育し、また幼児園に行かせた。数日後また『耳が聞こえないから幼児園に行きたくない、行かない』と泣き出した。再度病院へ連れていったが、耳には異常なしでした。私は、子どもを激しく叱って言いました。『何故行きたくないの？』と聞きました。子どもが泣きながら『お母さんが言うことはよく聞こえる。先生が言っていることは全然聞こえない』と答えました。ようやくそこで、子どもは漢語ができないために、漢民族の先生が言っていることが聞き取れなかったのだということがよくわかりました」。親としては、「この幼児園の卒園児は、カシュガル市S重点小学校に入りやすい」のでD幼児園に通わせたかったが、子どもがそれを強く拒んだため民族幼児園に転園させたのである。

　このように、現在の激化する社会競争に対応させるために、漢語教育をさらに強化するように求める保護者、または小学校の学習内容を取り入れて欲しいという保護者の「双語熱」が幼児双語教育の普及に拍車をかけている。子どもを幼児園に入園させるとき、自らの家庭環境、漢語レベル、子どもの性格や言語に対する興味などをあまり考慮せず、保護者の意思で選ぶ傾向が増えつつある。

　中島（1998）が指摘するように、子どもにとって幼児時代は、日ごとに語彙が増えて、ことばを使って気持ちを表現し、ことばを使って考えるという学ぶ時期である。この時期に二言語に触れていても、子どものことばの成長が遅れたりすることはないが、急激な言語環境の変化はせっかく伸

びかかった母語の発達の芽をつみとり、混乱を招く結果にもなりかねない。

まとめ

　本章では、二言語教育における母語の位置づけやその役割を確認した上で、母語形成期における双語教育の実態を明らかにし、抱えている課題を指摘した。自治区政府は、「民族学校で漢語を用いて授業することは、児童・生徒の進学や就職の道を広げるチャンスを与える」と主張する。しかし、漢語能力の不十分な教員たちが、漢語に馴染んでいない子どもたちに漢語を用いて教育を実施することが、少数民族の子どもたちの将来のためになるとは言い難い。現在は、民族学校における教授用言語の漢語への切り替えは過渡期にあり、教員の量的不足・質的低下は一時的な課題だと言えたとしても、この過渡期に教育を受けた子どもたちの授業の質的内容を保障できるわけではない。新疆の双語教育が抱えている教員の量的不足・質的低下などは、教授用言語を漢語に切り替える過渡期にあるすべての教育段階での課題と言える。しかし、その課題の解決によって漢語を教授用言語とする双語教育がスムーズに普及浸透できるとは限らない。

　学校教育の基礎となっている家庭教育のあり方も大きな影響を及ぼすと考える。第1節でも述べたように、母語はひとりの子どもが社会的、文化的、知的存在になっていくために欠かせないツールであり、人間形成全体の基礎になるものである。母語がまだ形成期にある子どもたちに漢語中心の学校教育をさせた場合は、子どもたちが自然に、そのことば（漢語）の備えている文化的価値観を身につけ、家庭内における文化衝突を引き起こす恐れも考えられる。第6章では、家庭や地域社会という2つの生活場面において、ウイグルの子どもたちがウイグル語と漢語をどのように使い分けているか、あるいはそれをどのように受けとめているかなどについて論じる。そして、具体的な事例を通して漢語拡大の多層化プロセスのなかで浮かび上がってくる教育全般および文化化（enculturation）の場面における様々な葛藤や亀裂について検討する。

第 6 章

家庭教育における双語受容

これまで見てきたように、新疆における漢語受容は、社会生活全体における双語「受容」と教育における双語「導入」の2つの側面に分けて考えることができる。そしてこれら両側面は中央政府による国家統合の基本方針にそって相互に緊密に連関しながら全体の漢語受容の流れを形成している。前者に関しては、社会経済体制における漢語中心的編成がウイグル社会の漢語受容を促している。改革開放政策に端を発した経済の市場化や経済開発の推進、そしてそれにともなう漢族の少数民族地域への大規模な移住などにより、少数民族はきびしい経済競争のもとに置かれるようになった。さらに莫大な経済投資をもたらす「西部大開発」の推進がこれに一層の拍車をかけている（加藤 2003:147-169）。現在、新疆ウイグル社会では社会経済活動におけるコミュニケーション手段としての漢語の需要が高まり、また第4章や5章で述べたように双語教育の推進を通して民族教育における漢語の比重も高まることで、少数民族の子どもたちの生活世界を構成してきたウイグル語中心の言語環境は急速に変化しつつある。なかでも漢族人口が多数を占め経済・行政の中核都市でもあるウルムチでは、こうした漢語受容の先進地域として、子どもの言語環境における変化を先取りする実態が見出せる。本章では、ウイグルの子どもたちの漢語受容の実態を家庭と地域社会という2つの生活場面に即して論じるとともに、早い段階から普通学校で教育を受けた子どもたち（民考漢）のアイデンティティ形成の問題についても考察を行なう。

第1節　生活場面における子どもの双語受容

　本節では、家庭と地域社会という2つの生活場面における双語使用およびその受容の実態を捉え、ウイグルの子どもたちが日々の生活において、ウイグル語と漢語の二言語をどのように使い分けているか、あるいはどの

ように併用しているか、二言語使用が彼らの日常生活にどのような影響を及ぼしているのかなどについて考察を行なう。

1.1　地域社会における双語使用の実態

　ウルムチは市の中心部を走る人民路を境として南北に大きく2つの顔を持っている。北に行くほど漢族中心の雑居区になっており、ウイグル族の住民は少ない。学校も民族クラスがある民漢学校を除けば、普通学校が多数を占めている。これに対し、南に行くほど居住形態がウイグル族中心の雑居区になっており、漢族の住民は少ない。したがって漢族とは明らかに異なる顔立ちや服装の人びとが数多く見られる。民族学校も多く設置されていたが、現在「民漢合校」となっている。

　ウルムチの子どもたちの漢語受容の実態を具体的に把握するために、第5章で取り上げたA小学校に通う子どもたちが多いT団地とそこの家庭を取り上げる。この団地住民はウイグル族がほとんどで漢族は少ない。T団地は2003年に建設され、経済階層的には公務員やビジネスマンなど中高層に属する住人が多い。団地の周辺には、ウイグル族が経営する病院、スーパー、本屋、床屋、ファミリーレストラン等がある。団地に住んでいる子どもたちは基本的に近くの3つの小学校のどれかに通うことになっている。1つは漢語小学校、もう1つは参与観察を行なったA小学校、もう1つは、大学付属の「民漢合校」の小学校である。

　毎日、夕方になると3つの学校から帰宅した子どもたちが大勢団地の遊び場に集まってくる。そこで子ども同士の会話に耳を傾けていると、時々単語レベルで漢語が混ざったりする以外、ほとんどウイグル語で会話をしている。漢族の子ども同士が一緒に遊んでいる様子は見かけない。団地内や付近の商店などはウイグル族の経営する店が多く、子どもたちが買い物をしたりするときも漢語を必要としない。しかし、漢族の店に行ったときには子どもたちは漢語を使って買い物をする。ただ、それは正しい発音や声調（アクセント）とはいえず、文法も間違ったりするが、漢族の店

主には通じている。

　例えば、団地のすぐ外の漢族が経営する商店にウイグル族の子どもたちが牛乳や野菜を買いにきたときのことである。子どもたちは「牛奶 niú nǎi（牛乳）」、「西红柿 xī hóng shì（トマト）」、「辣子 là zi（ピーマン）」など品物の名前は漢語で伝える。しかし、「买牛奶两个 mai niu nai liang ge」（本来なら「买两袋牛奶 mǎi liǎng dài niú nǎi［牛乳を2袋買います］）とウイグル語の語順で表現する場面にしばしば出会った。また、漢語では助数詞を正しく用いることが重要だが、子どもたちは袋入り牛乳に「个 ge（個）」という単位を使っている。

　日常生活においては、こうした誤りや漢語とウイグル語の混合は子どもだけではなく、大人の間でも頻繁に見られる。しかし、大人も子どもも限られた漢語能力の範囲で不自由なく日常生活を送っている。

　一方、南部とは対照的に北部の住宅街や団地では漢族が多く、ウイグル族は少ない。例えば、D大学区の宿舎（規模はT団地より大きい）におけるウイグル族の子どもたちの言語使用では、D団地の子どもたちに比べてさらに「混合語現象」が進んでいるように思われた。子ども同士の会話だけを聞いていると漢語ネイティブの子どもだけのようだが、実際には漢族もいればウイグル族もいる。この団地の子どもたちのほとんどが近くの普通学校に通っているため、T団地に比べ漢族の子どもたちと一緒に遊ぶ様子が見られる。ウイグル族同士の会話においても、ウイグル語より漢語がより多く登場する。

　例えば、筆者がある女の子にウイグル語で「Apingiz barmu?（お母さんいますか?）」と声をかけたところ、その子は漢語半分ウイグル語半分で「Apam 在家做饭［zài jiā zuò fàn］kiliwatidu（お母さんは家でご飯を作っている）」（アルファベットはウイグル語）と返事をし、筆者を彼女の家まで案内してくれた。彼女の母親は大学の職員、父親は高校の教員、夫婦とも

「民考民」[1]である。家族構成は、五年生の長女と一年生の長男、そして漢語ができないお婆さんの5人家族である。この家庭でも、基本的にウイグル語が使われており、会話中時々漢語の単語が混じっている。2人の子どもは親、特にお婆ちゃんと話をするときは、ウイグル語を使うように努力している様子が見られた。しかし、兄弟の会話は、互いの呼びかけを除いたら漢語を使うことが多かった。

このように、地域の言語環境の違いも子どもたちの漢語使用のあり方に影響を及ぼしているように思われるが、いずれにせよ子どもたちの地域での生活言語のなかに漢語が浸透しつつある。日常生活におけるこうした漢語の浸透に関してウイグルの人々の間では、漢語を日々の暮らしを快適に過ごすための一種の手段として受容する者もいる。一方で、漢語の受容にともなって漢文化も知らずしらずに受容し、ウイグル的な風俗習慣や価値観の変容と世代間での文化的一貫性が崩れることを恐れている人々もいる。

1.2 家庭における双語使用の実態

ウイグル社会では、イスラーム的な道徳規範にもとづいた家庭教育（育児やしつけ）が行なわれており、子どもの性別によって異なるしつけがなされ、「男らしさ」や「女らしさ」の資質がきめ細く分けられて要求されてきた。そしてそれは性別にふさわしい身体、精神のあり方、人付き合いや振る舞い方、家事の知識など生活の広い範囲にわたっている。こうした、ウイグル族の家庭での育児やしつけで親が用いる表現や教え方の多くは、宗教規範や文化的価値観と深く結びついており、これらはウイグル語を通してのみその正確な説明やニュアンスの伝達が可能である。

T団地に居住している家庭環境がそれぞれ違う（父親が大学の教員で母親が公務員、両親とも公務員、父親はビジネスマンで母親は主婦、両親とも警察官）

1　幼いころから母語を習い、民族学校へ入学し、漢語を1つの科目として習い、大学入学試験も母語で受ける児童・生徒を「民考民」という。

子どもたちの家庭を訪問し、日常会話の様子を観察すると、子どもの親や兄弟姉妹との会話および兄弟喧嘩などはウイグル語で行なっていた。しかし、どの家庭でも多少ウイグル語と漢語の「混合語現象」がみられる。テレビ、冷蔵庫、携帯電話、パソコンなどの名称の場合は、漢語を用いることが多い。このような新しい電気製品や電子機器に関しては、「新疆語言文字委員会」がウイグル語の訳語を『新疆日報』に定期的に載せている。しかし、ウイグル語の訳語は子どもたちや大人の間には定着せずに、漢語を用いることが一般的である。したがって、親が子どもに何か手伝いをさせるときにも、その会話に漢語が普通に混ざり込む。次のような漢語名詞＋ウイグル語動詞の会話はどの家庭でも普通に耳にする。しかし、そこに混ざりこんでいる漢語の声調は無視されており、ウイグル語のアクセントによる発音である。「电视［dian shi］ni oqurwet（テレビを消して）」、「冰箱［bing xiang］ni yepiwet（冷蔵庫を閉めて）」、「辣子［la zi］bilen 茄子［qie zi］ekire（ピーマンと茄子を買ってきて）」、「手机［shou ji］rimni eliwete（私の携帯電話を取ってくれる）」、「教委［jiao wei］ge berip keley（教育庁に行ってくるね）」。ウイグル族の親子の会話に漢語が混ざり込むのは日常的な現象であり、それを人びとは当然のこととして受け入れている。

　またラジオやテレビなどのメディアに着目すると、子ども向けラジオ放送では、漢語のスピードが速いために、聞き取りが難しく、ウイグル語による放送を利用する率が高い。テレビでは各チャンネルに子ども向けの番組があり、そのほか「Kar Leylisi（雪蓮 xuělián）」という子ども専用チャンネルもある。このチャンネルは、毎日12時間放送しており、そのうちウイグル語による放送は4時間である（残り8時間のうち、漢語による放送は4時間、カザフ語による放送は4時間である）。ウイグル語による放送では、ウイグルの昔話や伝統文芸にもとづく番組、外国のアニメをウイグル語に訳したものなどが放送されている。子どもたちは、面白い番組であれば、内容を完全に理解できなくとも漢語の番組を見るという。また、漢語のヒアリング能力を高めるために、親から言われて毎日特定の時間内で漢語の

番組を見る場合もあるという。家庭によって漢語番組の視聴時間が異なっているが、新疆テレビ局のある担当者はウイグル語の番組の視聴率がはるかに高いと述べていた。

　育児やしつけの場面に注目してみると、その内容がアイデンティティや民族文化（イスラーム）に深く関連している場合、ウイグル語でしかそれを適切に伝えられない場合も多い。そしてこれは子どものアイデンティティ形成にも深く関係している。例えば、食事の際によく「Nanni qaqmay ye, dessilip ketse yaman bolidu.（［アッラーが与えてくれた］パンは残さず落とさず食べなさい、落としたものを踏んではいけない）」と子どもに言い聞かせる。この場合、「してはならない」という意味を表す「yaman bolidu」は、コーランの規定に反する行為として「してはならない」のであり、その正確な意味を漢語に直訳することはできない。たとえ漢語に堪能な民考漢の家庭でも食事前の「Bismillahirrahmanurehim（日本語の「いただきます」に相当する）」や、食後の「Xukri（［アッラーが与えてくれたすべてのことに満足と感謝の気持ちをこめて］ご馳走様でした）」と言うよう子どもをしつける。また学校に行く子どもに対しては「Alla ge amanet」、「Huda yimge amanet」と言って送り出す。そこには子どもの安全や学習、その他の一日の活動が順調にいくよう「Alla＝Huda（アッラー＝フダ）」に願う内容が含まれている。

　小野原によれば言語（ことば）には２つの機能がある。１つは符号（言語記号）が本来的に持っていると考えられる意味（指示的意味など）を情報として伝えるコミュニケーション機能である。もう１つはことばを使用することを通して、自分の存在を主張したり、確認したり、あるいは自分の価値を証明したりするアイデンティティ機能である（小野原 2004:4）。親や子どもが自分の情緒や感情、性向や態度等を表明する場合、自然に口にするのがウイグル語であり、その言語を使うことによって自分の準拠する民族集団とのネットワークや帰属意識を確認し、主張していると言える。「自分とは何者か」を確認する場合、ウイグルの人々にとってその母語で

あるウイグル語は他の言語に代わることができない重要な機能を果たしていると考えられるのだ。

このようにウイグル族の家庭での育児やしつけで親が用いる表現や教える振る舞いの多くは、宗教規範や文化的価値観と深く結びついており、これらはウイグル語を通してのみその正確な説明やニュアンスの伝達が可能である。なぜならば言語にはその社会、民族の文化が織り込まれており、したがって文化化のプロセスもそうした民族語を通してはじめて可能になると考えられるからだ（渡邊 2004:131）。

第2節　漢語の積極的受容——「民考漢」を事例に

前節の民族学校における漢語導入にとまどう子どもたちに対し、一般の漢語学校に進学し、さらに徹底した漢語環境に身を置くことでより積極的に漢語を受容している子どもたちが存在する。本節では、民族学校に通っているウイグルの子どもたちと対照的に、漢語を積極的に受容し普通学校に通っている「民考漢」の子どもたちの事例を取り上げる。これは上で見たウイグル族の子どもの学校教育を通した漢語受容のさらに徹底した形態と見なすことができ、また漢語受容と子どもの人間形成やアイデンティティ形成との関係性を考える上での貴重な手がかりとなる新しい「言語集団」であると言える。

新疆の都市部を中心に普通学校へと流れるウイグル人の教育動向に関してはこれまでたびたび言及してきた。少数民族地域における漢語教育の普及や普通学校への進学はますます一般化し、都市から周辺地域へと拡大しつつある。しかし、ここにきてウルムチのウイグル人の間で自分の子どもを民族学校に進学させたり漢語学校から民族学校に転校させたりする事例が見られるようになっている。その理由は言語や学校文化の違いからくる

子どもの不適応や学力問題など様々であり、その基本的な背景としては伝統的な家庭教育と学校教育との文化的な不整合や不連続性の問題が予想される。本節において注目するのは民族学校への進学や転校を選択した親たちの間のとりわけ女児に対する民族教育を重視しようとする考え方である。

2.1 母語教育とアイデンティティ形成

　言語は自分を表現する手段であり、人は多くの社会的伝統や習慣的思考を言語を通じて身につけるため、言語を習得することは自然とその言語を基幹とする文化共同体への帰属意識をもたらすことになる（山崎2001:56）。帰属意識あるいはアイデンティティを論じる場合、言語はその１つの要素に過ぎない。しかし、山崎が指摘しているように、「上からの視点に立つ「国家・国民」に比べ、下からの視点に拠る「民族」には、血統意識がより濃厚にある。そこに、民族としてのメンタリティ（心情的側面）が生じ、それを最も詳細に表す手段として言語が用いられる」（山崎2001:57）。

　また、渋谷（2007）も「言語が単に対象物を写し出す手段であるのみならず、まさに言語がひとつの世界観であり意味や対象を産出していくものである。〔省略〕とりわけその人にとって第一言語（また母語）は、人格と不可分のものである」と言語は表現の単なる手段や媒体ではなく、人々が自らのアイデンティティや人格を表現する手段であることに注意を促している。

　中国では、費孝通の「中華民族多元一体格局」論を根拠に帰属意識あるいはアイデンティティの問題が論じられることが多い。費は、「高いレベルのアイデンティティ（中華民族）は必ずしも低いレベルのアイデンティティ（民族）に取って代わったり、あるいはそれを排斥したりしない。異なるレベルは衝突せずに両立して存在することができるし、さらに、異なるレベルのアイデンティティの基礎の上にそれぞれがもともと持っていた特徴を発展させ、多言語・多文化の統一体を形成することができる。よって高いレベルの民族（中華民族）は実質的には一体であり多元でもある複

合体である。その間には互いに対立する内部矛盾、すなわち差異の一致という矛盾[2]が存在しているが、その消長や変化によって、絶え間なく変動する内外の条件に適応し、その共同体自身の存在と発展を可能にするのである」(費 1998:324-325) と論じ、どちらかというと言語や文化の多様性より、ナショナルなアイデンティティの形成に重きを置いている。しかし、少数民族社会に身を置く人々にとって言語をめぐる様々な困難を内包する現実は費の言うほど固定的で、単純ではない。

アイデンティティをめぐる議論は地域や民族集団によって異なっている。例えば、朝鮮族のアイデンティティに関しては、民族教育の停滞が民族的アイデンティティを大きな岐路に立たせている (鄭雅英 2000:384) という見解もあれば、モンゴル族を例に「漢語による教育を受けることによって、当該民族集団の素質(資質)が高められ、民族アイデンティティの維持・存続も可能になる」(アスコン 2001:15-16) という主張もある。すなわち、民族全体の素質(資質)を高めることがアイデンティティの維持につながるという考え方である。

また、以下のM氏の語りからは親が子どもに漢語・漢文化にそった教育を受けさせたために、子どもの民族意識に変化が現われたことを意識し始めていることがうかがわれる。それは、漢語による教育を受けることによって、漢文化が子どもたちの思想や価値体系に浸透し、民族に対する意識を変えてきているからである。

 M氏の語り
  正直言って、当時娘を普通学校に入学させた目的は、「生きていけるため」でした。独り娘の将来の社会的地位や経済的利益を考え

---

2 費孝通の「中華民族多元一体格局」論は、中国の56の民族の多様性を認めつつ、その一体性を強調する。そして、56の民族の差異によって生じる対立や内部矛盾があることを認識しつつ、その一致を求める。

た上でした。普通学校の教育レベルは民族学校より高く、勉強に対して厳しく要求される。また、英語の勉強もできる。娘は入学してから抵抗感なく普通学校の学校文化に適応できた。高学年になるにつれ、娘の身についている学校文化と家庭やウイグル族コミュニティにおける民族文化の間で衝突が現われ始めた。娘には自民族を蔑視したり、親や祖父母と意見が合わなかったり、コミュニケーションがとれなくなったり（娘が話もしてくれなかったり）しました。娘の性格（精神的・心理的）にも変化が現われ、独りで部屋に閉じこもることが増えてきた。［省略］それで民族学校に（民漢合校のＢ重点中学校）転校させました。

現実には、日常生活のあらゆる面でこうした少数民族の内面的な問題が見出され、以下のＤ氏の語りのように、民族アイデンティティの形成や維持を家庭教育に求める考え方もある。

Ｄ氏の語り
　我々の時代ではまだ普通学校に通う人（「民考漢」）がそれほど多くなかったため、ウイグル族コミュニティや日常生活において「民考漢」と「民考民」の結婚によるトラブルなどはあまり問題にならなかった。しかし、これから「民考漢」の増加や民族教育における漢語比率の上昇によって、彼らの価値観が変容し、世代間における意見や考え方のズレが顕在化していく。さらに、ウイグル文化や風俗習慣をめぐる世代間のトラブルが予想され、これまでほとんど許されなかった非イスラームとの通婚も避けて通れない問題になってくるだろう。今後、子どもたちにウイグル的文化や風俗習慣を伝えていくには家庭教育が重要だと思う。

　Ｄ氏の語りからは、日常生活に宗教的価値観が根付いている場合、私

的空間あるいは場面では宗教的な価値観や伝統的な民俗習慣がアイデンティティの拠り所になっていることが窺える。

2.2 「民考漢」の揺らぐアイデンティティ

　普通学校において教育を受けることにより高い漢語能力を達成した民考漢の子どもたちは、どのような人間形成のあり方を見せているのだろうか。ウルムチの民考漢は、一般に漢語をまず漢語に囲まれた生活環境のなかで自然に獲得し、その後、学校教育によってこの能力をさらに熟達させることが多い。坂元ほか（2007）も指摘しているように、民考漢らに対して自民族（民考民）の間では民族言語や文化に関わる評価において異なる見方が示されており、ウイグル語や慣習における「ウイグル人らしさ」の喪失が同じエスニック集団内部に見えない境界を生み出しつつある。そして、以下の語りからも窺えるように民考漢らが漢族的思考や振る舞いを身に着けてしまう要因として、彼（彼女）らがおかれている学校文化の違いがあると考える。

　ウルムチの重点高校に勤務するM先生はこれまで多くの転校生を見てきた。普通学校にも2年間の勤務経験があり、民族学校と普通学校では「学校文化」が大きく違うことを肌で感じたという[3]。

> 普通学校では、ウイグルの子ども（中学生）は漢族集団のなかで漢文化と接触することになる。学校の規定などもあり全校生徒数百人のうちウイグル族は数人しかいない。たとえ同じクラスにウイグル族の子どもがいたとしても、互いの意思交換は漢語を用いて行なわれる。子どもたちの話しぶりや話題、子どもたちの興味・関心が

---

[3]　ウルムチ出身のM女性教員は、高校でウイグル「語文」を教えている。M教員は、南京の高校で2年間「内地新疆高校班」の担任として勤務した経験がある。

異なっており、先生のしつけや教育態度も異なっている。普通学校で学んだウイグルの子どもたちは、家庭でウイグルの規範にそったしつけが行なわれていても漢語学校の影響を受け、彼らには「ウイグル的」な行動様式や考え方が薄くなっていくと思う。

　最近は小学校を卒業してから民族学校に転校してくる子どもたちが増えている。その子どもたちは民族学校に慣れるまでけっこう時間かかる。特に自分の意思ではなく親の判断で転校させられてきた子どもにはさらに時間がかかる。小学校の6年間で子どもたちはだいたい学校の共同生活に慣れ、そこの「学校文化」を身につけることができる。普通学校と民族学校の違いは簡単には言えないが、やはり文化的な違いが大きい。漢族の先生も当然その文化にそって教育を実施したり、しつけをしたりする。民族学校では、「語文」、「地理」、「歴史」などではまず自分が詳しい自民族の事例を提示し、民族の伝統や風俗習慣に触れながら授業を進めていく。学校全体の雰囲気も違う。普通学校では「競争」が激しく、「協調」に欠けているように思う。我々の伝統では、「協調」が重視されており、助け合いながら勉強する、互いに傷つけないようにする、などが強調される。学校でのしつけも家庭でのそれと一致しており、また「女らしい言動」、「男らしい言動」をとるように注意を促す。

学校においては教科書による教育が行なわれているだけではない。子どもたちは、民族学校あるいは民族クラスというウイグル語が使われる集団のなかで同じ仲間との出会い、人間関係や遊びなどを通して民族文化や習慣を自然に身につける。そうしたなかで教師の子どもへのしつけや態度（褒め方あるいは叱り方など）には、ウイグル族の文化にもとづく価値観がおのずと含まれている。このような学校文化の違いや学校と家庭での使用言語の違いは、新疆においても少数民族の子どもの学校不適応や学力問題な

ど様々な形で現われつつある。

　このような子どもの教育環境の不連続性に関しては、男児より女児を問題視し民族教育の重要性が強調されることがある。以下、娘をウルムチの民族学校に入学させた高等学校の女性教師の話である[4]。

　　私は最初から娘を民族学校に入学させ、息子は普通学校でも良いと考えていた。知り合いの夫婦のなかには子どもを普通学校と民族学校のどちらに入学させるかということで意見が衝突している例がある。私も主人も娘を民族学校に入学させ「ウイグル的」な風俗習慣をしっかり身につけさせたいとの意見で一致していた。女の子は将来的には嫁に行き、母親になる。子どもが生まれたら、最初の教師は母であり、母親の価値観は子どもに直接影響をおよぼす。「民族の母」といっても言いすぎることはない。だから女の子には「日常生活、人間関係、儀礼や年間行事など広い意味での風俗習慣を指すウイグル・オルップ-アディティ（Uighur Orup-Aditi）」や「ウイグル語・文字を含めた知的領域の文化を指すウイグル・メディニイテ（Uighur Mediniyiti）」をしっかり身につけさせる必要がある。これは家庭教育と学校教育を通して実現できる。私の同僚や友人たちの家庭の「民考漢」の「冷たい娘たち」を見るたびに、自分の娘を民族学校に入学させてよかったと思う。私たちからみれば、普通学校に通っている子どもたちは、ウイグル族的な礼儀作法ができておらず、ウイグル族コミュニティにおいては、人間関係が上手くできないし、将来結婚した後も相手の親族との関係も難しくなる。

　上記の語りからは、女児のしつけや教育の目標として将来の安定した結

4　2008 年 8 月に実施したインタビューによる。インタビュー対象は、30 代後半の高校の K 女性教員。

婚生活とそれに結びついた親族づきあいの確保が見出されるように思われる。また、ひろく全体としての民族文化の次元に目を向けるとき、女性は家庭生活の中心的な存在として地域や親族との付き合いやしつけを一手にひきうけるとともに、民俗的知識の習得やその実践を通してウイグル文化の継承と再生産を担う役割が期待されている。ウイグル文化の維持に関する女性のこのような役割は「民族の母（Milletning Anisi）」という語に表現されている。

　もちろん女児を民族学校に進学、転校させる契機となっているのは自覚的な民族意識ばかりではない。本書の最初でも触れたように子どものために民族学校を選ぶ親たちからは、学力や振る舞いに対する不満や子ども自身の不適応など問題が多く語られる。一方で、娘の嫁ぎ先の家庭生活との関連で民族教育の必要性が語られるのも事実である。親たちにとって娘に民族（民俗）的な日常実践の知識が欠落していることは、他家に嫁いだ本人のみならずそこの人びととの人間関係上の不適合に波及する可能性が大きいからだ。「民族の母」をめぐる語りには、民族（民俗）知識の継承における個人（現実）的な重要性とエスニック集団としての重要性が複雑に織りこまれている。

2.3　学校不適応

　現在、双語教育や民族教育における漢語使用の比重がますます高まっており、地域によって教員の量的不足と質的低下の問題が顕在化している。こうした問題は、D氏の語りからも窺えるように、少数民族教育の評価を低め、子どもが普通学校へ行かざるを得ない状況を作り出している。一方、外部の世界を認識し、新しい科学技術を学び、よりよい職業を得、よりよく仕事をこなしていくための道具として漢語を身につけることだけを優先視する人々も少なくない。すなわち、言語の社会的なステータスや経済的な有用性によって少数民族自らが漢語ないしは普通学校を選んでいるのである。しかし、それは決して自由な意思による選択ではなく、現実の

厳しい社会生活のなかで、様々な状況を生き抜いていくために強いられた選択でもある。

　D 氏の語り
　私は 2 人の息子を普通学校に入学させた。その理由は、まずうちの近くに普通学校しかなかったから。例え民族学校があったとしても、入学させなかったと思う。今の民族教育では「Bir top gaqa okutkiqilar bir top gas balilerge ders otiwatidu（吃音の先生たちが、耳が聞こえない子どもたちに授業をしている）」という笑い話があるように、教育の質を疑わざるを得ない。(私も妻も民考民であり、漢語は得意ではない) だから息子は 2 人とも普通学校に入れた。

　少数言語児童・生徒の母語教育を多文化・多言語主義との関連で捉え、母語教育の理論的根拠とその重要性を実態に即して実証的に論じてきたジム・カミンズらの研究から明らかになったように、「教室から子どもの母語を閉め出すことは、子どもの発達状況を測定する際に不幸な結果をもたらす可能性がある」(カミンズほか 2005:168)。また、山本 (2000) も指摘しているように、子どもの母語形成が彼らの第二言語学習やその発達に影響を及ぼすだけではなく、認知能力や学力などにも影響を及ぼす。
　多くの多民族・多言語の国では教育における言語の選択が重要な問題として認識されてきた。黒田 (2005) によると、インドやフィリピンといった多言語社会において母語以外の教授用言語が選択されることにより、マイノリティの子どもたちが学習内容を十分に理解することが妨げられるなど、教育の質に関わる諸問題に影響を与えている。生徒の理解を高めるためにはできるだけ母語による教育が望ましいが、その一方、国民統合の観点からはある程度共通の言語による教育が求められる。このように、教授用言語に関わる問題には複雑な側面があり、それぞれの社会や国家において一定の合意を得ることは難しい。

実際、次の普通学校に入学した（ウイグル族の）子どもを民族学校に転校させた理由を語っているG氏の例からもわかるように、学校で使用される言語が子どもの家庭や生活上使われている母語と異なる場合、彼らのその言語の能力や事前の知識、そして、子どもたちの性格や学校で使われる言語に対する動機、態度などの働きによって、その両言語の間にギャップが現われ、学習効果が減退され、学力に影響を及ぼす場合もあるのだ。

　G氏の語り
　　当時、私が娘を普通学校へ入学させた動機は2つあった。1つは、漢語は国語であり、漢語をしっかり勉強しておけば将来性があり、経済的にも社会的にも有利であろうと思っていたこと（今でもそう思う）。2つ目は、家の近くに漢族小学校しかなかった。それで私は普通学校に入学させた。娘はよく勉強してくれた。低学年のとき成績はよかったが高学年になるにつれ「語文」の成績が落ちてきた。家庭ではウイグル語しか使わないし、もちろん娘にも「家庭ではウイグル語を話しなさい」といつも注意を促してきた。こうした家庭で使用する言語と学校で使用する言語の違いは確かに娘の学力にマイナスの影響を与えたと思う。［省略］それで娘を民族学校に転校させることを決心した（娘の意見も聞いたけれど）。

　家庭で使われている言語と学校での教授用言語が異なる場合は、学習者の理解には限界が生じ、それが積み重なると学習効果や学力にマイナス影響を与える。カミンズの「相互依存理論」では、「少数派言語による教育は少数派言語の学力発達の上で十分に効果的であり、適度に多数派言語に触れる機会と学ぼうとする動機があれば、熟達度が多数派言語へ転移する」と（重引：ベーカー 1996:287-288）、少数民族の母語による教育を通しての主体民族言語の習得や子どもの学力向上の可能性を示唆している。したがって、少数民族児童・生徒の漢語習得と学力向上に対する双語教育の

成果を導く客観的条件として、第一言語の十分な発達やコミュニティにおける言語使用状況および主流文化の漢族児童・生徒との交流はきわめて重要であると思われる。

まとめ

　本章では、地域社会（社会的言語環境）や家庭教育に注目し、双語教育が抱える漢語レベルの不足問題や漢語使用の比重の高まりによって新たに現われた諸問題（学力問題、アイデンティティ形成の問題）について中国の双語教育研究ではまだ本格的に取り組まれていない領域、すなわち言語生活、民族間関係、あるいは、少数民族と中央政府の関係等を重視した考察を行なった。まず、「ウイグル的な」風俗習慣や地域文化にそった家庭教育のあり方を概観し、地域・家庭文化と学校文化の違いや不連続性からくる子どもの不適応や学力問題について指摘した。そして、民族学校に通っているウイグルの子どもたちと対照的に普通学校に通っている「民考漢」の子どもたちの事例を取り上げ、家庭教育・文化と異なる学校教育・文化が子どもたちの人格形成やアイデンティティ形成に影響を及ぼす可能性について明らかにした。

第 7 章

双語教育における道徳教育の実施

これまで述べてきたように、双語ないしは漢語の受容によって、ウイグルの子どもたちの漢語レベルは以前より向上した。それと同時に彼らの自民族文化に関する知識が薄くなりつつある。本章では、漢語を教授用言語とする双語教育において、ウイグル族の文化に即した道徳教育がどのように実施されているかという問題について考察を行なう。まず、中国における道徳教育のあり方を概観し、ウイグル社会における道徳教育の特徴とその社会的役割を述べる。次に、新疆における双語教育の発展趨勢を示す。最後に、漢語を教授用言語とする双語教育のなかでウイグル族の伝統的な道徳規範や価値観などがどこで、どのようにして子どもたちに伝わっていくかという問題について考察を行なう。

第1節　中国における道徳教育の特徴

1.1　価値観の違いと道徳教育

　道徳教育は、個人にとっても社会全体にとっても大切なことである。それぞれの家庭によって、子どもに対するしつけが違っているように、それぞれの国や社会の違いによって、国民に対する道徳教育の内容や方法も異なっている。日本における道徳教育は、豊かな心をはぐくみ、人間としての生き方の自覚を促し、道徳性を育成することをねらいとする教育活動を意味している。平成18年12月に改正された日本教育基本法第1条において、「教育は、人格の完成を目指し、平和的で民主的な国家及び社会の形成者として必要な資質を備えた心身ともに健康な国民を期して行わなければならない」と「人格の完成」を目指すことが教育の目的とされており、道徳教育の目指す方向と合致している。また、同基本法の第2条においては、道徳教育の目的を実現するための従来の目標（個人の価値の尊重、正義、責任など）に加え、新たな目標が示されている。それは、新たに主体

的に社会の形成に参画すること、生命や自然を大切にし、環境の保全に寄与すること、伝統と文化を尊重し国を愛し、他国を尊重し、国際社会の発展に寄与することなどである。こうした目標からは、日本の教育基本法の規定が人間形成の基盤を規定し、道徳教育の充実の方向性を示していることがわかる。

　中国における道徳教育は、思想・政治教育を内容とする教育である。1949年10月に中華人民共和国が成立してから、中国共産党中央政府は「徳育、知育、体育」の全面に発達した児童・生徒を育成することを中国の教育指針と定めた。「徳育」のほうには、すべての学校において、「政治」という道徳教育科目が設けられた[1]。当時の道徳教育の内容は、ブルジョア思想を批判する一方、社会主義思想を宣伝することであった。改革開放や市場経済の導入によって、1980年代から人々の物質生活が豊かになり、それが人々の価値観にも影響を及ぼした。特に、若者の間では、個人の問題を中心に考慮し、他人に対する思いやりや社会に貢献する意識が希薄になってきた。社会変化による生活の多様化が子どもたちの社会化プロセスに影響を与え、子どもたちに「正しい価値観」を教える道徳教育が必要となったのである。

　こうした背景のもとで教育関係者の間では、思想・政治教育を行なうだけでは不十分であることが指摘され、道徳教育の内容や、道徳教育が1つの学問として議論されるようになった。道徳教育の内容について麦志強（1999）は、「1980年代、徳育の内容が豊富になり、次第に徳育だけでは内容が狭すぎるということになった。徳育の拡大の必要に迫られ、道徳教育、政治思想教育、人生観・世界観の教育、法教育等をすべて徳育の概念に入れた、広義の徳育の概念が出現した」[2]という。そして、麦志強

1　倪冬岩（2007）「中国における道徳教育の動態」『現代社会文化研究』No38、115-132頁。
2　麦志強（1999）「1 概論」謝国基等編著『現代中小学徳育研究与探索』科学

(1999) によれば、徳育には、「道徳教育の簡称」、「思想品徳教育、品徳教育」、「思想政治教育、政治思想教育」、「理想教育、道徳教育、規律教育」、「思想教育と政治教育と道徳教育の総称」、「'四項'の基本原則の教育と道徳養育の総称」、「愛国主義教育、集団主義教育、労働教育、社会主義理想教育、共産主義理想教育」、「人となる教育」、「知力の要素ではない教育」との多様な教育が含まれている。

さらに、朱暁宏（2003）は、「我が国の道徳教育の現状から見ると、道徳教育の外延はとても広く、世界観と人生観の教育、政治教育、品徳教育を包括する」[3] と述べている。朱暁宏（2003）はまた、「意識形態、政策上も、"道徳"を"政治"、"法律"、"世界観人生観"で代替することはできないし、"政治"、"法律"、"世界観・人生観"を"道徳"の付加成分と見なすこともできない」とし、「道徳と政治意識の形態の連携は密接で、その支配と制約を受け、道徳も鮮明な政治性を備えている」[4] と、中国では道徳と政治は不可分の関係にあると述べている。

中国「中小学徳育工作規程」（1998年3月）では、その第2条に、「徳育はすなわち、児童生徒に対して政治、思想、道徳、心理品質教育（カウンセリング）を進めること、これが小学の素質教育の重要な部分であり、青少年の健康的な成長と学校工作の方向、動力、作用を保障するものである」と、学校教育のなかでの徳育の重要性について述べている。第3条には、「小中学の徳育工作は必ずマルクス主義、毛沢東思想、鄧小平理論の指導を堅持し、正確な政治方向を定めることを第一義とする」と、その政治性を明確に打ち出している。第4条では、「小中学の徳育工作は、本地区の実際の青少年児童の実際から出発し、小中学生の思想品徳の形成の規律と社会発展の要求にしたがい、小中学のすべての徳育体系を決める」

　　出版社、2頁。
3　朱暁宏（2003）『公民教育』教育科学出版社、15頁。
4　同上、15頁。

と、小中学生の状況や地域の状況を踏まえて道徳教育を行なう柔軟性を説いている。第5条には「小中学の徳育工作の基本任務は、児童生徒が社会主義祖国を熱愛し、社会公徳、文明的な行為を行なう習慣を備え、法を守る公民となるよう養成することである」と愛国主義が強調されている。

このように、中国においては、どの地域でも道徳教育と政治が不可分の関係にあり、むしろ道徳教育と政治教育の一体化こそが重要だと認識されている。本章で扱う道徳教育は、ウイグル社会で重視されてきた子どもに対するしつけのあり方や礼儀作法を指している。

1.2　ウイグル社会における道徳教育とその社会的役割

ウイグル社会における道徳教育は、「人としてどうあるべきか」を起点としている。親および年長者は、常に「alim bolmak asan, adem bolmak tes（科学者になるより、真人間になるのが難しい）」という諺を用いて、子どもたちにウイグルなりの道徳観念を教え込む。つまり、親が子どもの教育にあたっては、人となるにはまず道徳をもち、人となりを学ぶことを重視する。ウイグル社会におけるこうした道徳観の形成は、ウイグルの人々の世界観、生活方式、生産方式、風俗・習慣、文化・伝統と密接な関係がある。現地でウイグル族の民俗学者として知られている Enwer Semet(2006) は、ウイグル族が経てきた政治、経済、社会的環境、宗教・信仰等の社会的側面からウイグルの人々の道徳教育の形成やその特徴を分析し、ウイグル族の道徳教育が宗教の影響を大いに受けていることと、その及ぶ範囲が非常に広いことを指摘している。ウイグル族の生産方式に関わる道徳規範は、遊牧、農業、手工業、商業、学術等の様々な分野の職業道徳基準を含んでおり、どの分野の道徳教育も「善行をする、悪事をしない」ことを根本的な基準としている。

周知のように、道徳教育の機能は主に社会、生活、個人などの3つの側面において発揮される。道徳教育と社会の関係は、主に正義の機能となって現われ、正義感や責任感のある良き市民の育成に重きが置かれる。

日常生活においては、人びとに幸福感をもたせる機能を発揮しており、幸せな生活の創造に重きが置かれる。道徳教育と個人の関係では、その本質的機能を発揮しており、自立心や責任感、そして豊かな人間性をもった善人の養成に重きが置かれる。

　ウイグル族の道徳教育と社会の関係についていうと、古から今に至るまでウイグル族の伝統的な道徳規範は、人々のことばや行為をコントロールし、管理する役割を果たしてきた。また、子どもたちの文化化、社会化プロセスにおいても重要な役割を果たしてきた。ウイグル社会における道徳規範には、確かにイスラーム教の道徳観念が含まれているが、しかし、それはまた宗教道徳観とは違って、法律とも区別される。したがって、ウイグル族の集団にとって、道徳規範は強制的なものでもなければ、権威あるものでもなく、一種の思想形態として、社会的輿論の力を利用してウイグル社会における好ましくない行為を抑制している。「公正な法律と崇高な品徳は、社会を発展させ、個人を幸福にする前提である」[5]というように、従来のウイグル社会において道徳教育は社会と個人にとって法律と同じ重みのある存在であったと言える。

　道徳教育の個人に与える影響は、子どもの人格形成、情操の陶冶、知識の獲得、主体性を養う等の側面からうかがえる。人には先天的な道徳性がそなわっているが、人の思想、感情、性格、行為等の特徴は決して先天的に与えられるものではなく、一定の社会文化のなかで養成されるものである。ウイグル社会において、親孝行、年長者への尊敬、老人への礼儀などは、青少年がそなえなければならない当たり前の道徳行為である。ウイグル族の家庭では、子どもの話しぶりが上品であること、煙草を吸ってはならないこと、飲酒してはならないこと、身なりが身分や年齢に合うことなどが厳しく教育される。古典的著作『チュルク語大辞典』や『福乐智慧』のなかでも、子どものことば使いに注意すべきこと、真人間になることの

5　Enwer. Semet『維吾尔族伝統道徳』新疆人民出版社、2006年、85頁。

大切さなどウイグル族の伝統的な道徳教育に関する内容が収められており、道徳教育が人格形成や情操の陶冶等に重要な影響を与えることが読み取れる[6]。

　ウイグル族の道徳教育は、その特有の調整機能と抑制機能を生かし、人間関係を調整し、好ましくない行為を抑制し、社会の秩序と安定を維持している。その内容が民族文化（イスラーム）に深く関連している場合、ウイグル語でしかそれを適切に伝えられない場合も多い。そしてこれは子どもの人格形成にも深く関係している。例えば、ウイグル族の家庭ではいつも「yaman bolidu（〜をしてはいけない）」ということばを用いて、子どもが食べ物を無駄にしたり、身障者や弱者をいじめたり、他人の利益を横取りしたりするなどの道徳規範に反する行為を禁じている。同じように、言ってはならない粗雑なことばを口にすることも戒めて抑制している。さらに、「Xukri（満足する、満足に思う、感謝する）」ということばを用いて子どもに、今もっているすべてに対して満足し、暴利を貪る心をもたないように教え導く。「halal（ハラルである、清廉で公正である、純潔無垢である、まじめである）」ということばを用いて、子どもに飲食文化上のタブーを理解させるだけでなく、子どもが是非を分別するように教え導く。すなわち、親が子どもたちに他人に頼らず勤勉に働き、自身の力で生活を維持すること、他人の利益を横取りしてはならないことを教え込み、子どもが正義感をもった社会人になるように導いている。「yaman bolidu」、「Xukri」、「halal」は、宗教的な道徳規範の日常生活における適用であり、石中英（1999）がいうように、「素朴な信仰と道徳の圧力」は、日常生活のなかで道徳教育の役割を生かす1つのルートである。

　上述したように、道徳教育は、ウイグル社会において、人格形成、民俗習慣の維持、人間関係、ウイグル社会で望まれている礼儀正しさなど様々な領域において、かけがえのない社会的機能を発揮している。どんな民族

6　　同上。

にも独自の道徳教育があり、またそれを表わす独自の表現方法がある。道徳規範における具体的な内容のなかには、ウイグル語を通してのみその正確な説明やニュアンスの伝達が可能になり、その深い意味や教育的な役割が表現される。あるいは、他の言語に訳して表わすと、その本質が上手に伝わらないのであろう。従来、ウイグル族の道徳教育は家庭教育と学校教育によってその機能が発揮されていた。社会の発展と双語教育の普及にともない、ウイグル族集団の言語生活に変化が現われ、それが道徳教育のあり方にも影響を与えつつある。

第2節　ウイグル社会における道徳教育の現状

2.1　双語教育の発展趨勢

　第5章で取り上げたように、ウイグル社会における双語教育は、漢語を1つの科目とした教育モデルから、漢語を教授用言語としたモデルへと転換した。その後、2011年に、新疆ウイグル自治区教育庁が「十二次5ヵ年計画」に基づいて教育発展計画を制定し、「新疆ウイグル自治区少数民族学前及び小中学校"双語"教育発展計画（2010-2020年）」を着実に実施することを求めた[7]。同時に、次のような詳細な目標も定めた。すなわち、①2015年までに、少数民族系小中学校において双語教育を基本的に普及させ、双語教育を受ける少数民族の児童生徒数を全生徒数の75%にまで増やす。とりわけ、義務教育段階の双語教育生徒数を80%にまで増やすこと。②2020年までに、双語教育を受ける児童生徒数を全生徒数の90%にまで増やし、義務教育段階の双語教育生徒数を95%にまで増やす

7　新疆ウイグル自治区人民政府「新疆ウイグル自治区少数民族学前及び小中学校双語教育発展企画（2010-2020年）」新政発〔2011〕30号。

ことが目標である。

　現在、新疆の各地域では、「模式一」と「模式二」の２タイプの双語教育が実施されている。「模式一」とは、小学校において「漢語」[8]、「算数」、「社会」、「情報技術」などの科目を国家通用言語（漢語）で行ない、他の科目を民族言語で行なう。中学校と高校においては、「漢語」[9]、「算数」、「物理」、「化学」、「外国語（英語）」「生物」、「情報技術」を国家通用言語（漢語）で行ない、他の科目を民族言語で行なうタイプである。「模式二」とは、学教育段階において、すべての科目を漢語で行ない、民族語を１つの科目として設けるタイプである。「模式二」では、条件が整っていない学校では「体育」、「音楽」、「芸術」等の科目は民族語を用いて行なうことは認められている。漢語が教授用言語と定められている科目において、母語（教師、児童・生徒）の使用は15％以内に収めることが求められている。

　これまで指摘してきたように、人々はことばを使用することを通して、自分の存在を主張したり、確認したり、あるいは自分の価値を証明したりする。教師がことばを用いて子どもたちに伝えるものは、知識だけではない。自分の情緒や感情、性向や態度等もことばを通して表明し、また、しつけなどにもことばを用いる。その場合、自然に口にするのが教師にとって馴染みのある母語[10]（ウイグル語）であり、彼らにとって他の言語に代わることができない重要な機能を果たしていると考えられる。なぜならば言語にはその社会、民族の文化が織り込まれており、したがって文化化のプロセスもそうした民族語を通してはじめて可能になると考えられるからだ。

8　ここで言う「漢語」は、従来、少数民族の子どもたちを対象にした語学の科目ではなく、漢族の子どもたちが習っている「語文」、すなわち「国語」である。

9　同上。

10　新疆の小中学校で教師を務めている人のなかには、ウイグル語を用いて教育を受けた人がまだ多数を占めている。そのため、ウイグル族の教員たちにとっては自然に使いこなせることばは母語である。

筆者が 2013 年 11 月下旬および 2014 年 6 月上旬に行なった現地調査では、2015 年までに達成させる予定の「義務教育段階の双語教育生徒数を 80％にまで増やす」という目標はすでに達成されている。さらに、アクス、カシュガル、ホータン、カルマイ、イリ、アルタイなどの地域でランダムサンプリングとして調査を行なった約 50 の小中学校の 6 割以上が「模式二」の双語教育モデルを選んでいた。すなわち、町から離れている田舎の小中学校でも漢語を教授用言語とする双語教育モデルが広がりつつある。以下では、「模式二」の双語教育モデルの普及や拡大プロセスにおいて、ウイグル族の価値観、民族の伝統や風俗習慣および道徳規範などを子どもたちにどこで、どのように伝えていくかという問題について考えていきたい。

2.2　双語教育における道徳教育の現状

　学校においては教科書による教育が行なわれているだけではない。子どもたちは学校での、自民族の言語が使われる集団のなかで同じ仲間との出会いや、人間関係や遊びなどを通して民族文化や習慣を自然に身につけていく。そうしたなかで教師の子どもへのしつけや態度（褒め方あるいは叱り方など）には、自民族の文化にもとづく価値観が含まれている。王軍（2006）は教育人類学の視点から伝統的な民族文化が人々の知性と非知性的要素の形成に与える影響を分析し、伝統的な民族文化の継承の必要性を指摘している[11]。王軍（2006）によれば、人々の観察力、記憶力など各種の知性的要素は、先天的に形成されたものではなく、後天的な社会実践を通して徐々に発達してきたものである。知性の発達と独特な知性的特徴の形成は、具体的な文化継承の過程に依っている。また、伝統的な民族文化には、人々の人格形成に影響する非知性的要素も含まれている。たしかに、

11　王軍（2006）「文化伝承的教育人類学研究」『民族教育研究』、2006 年第 3 期、9-14 頁。

民族文化は人々の知性的発達を促す教育機能を有すると同時に、子どもたちの人格形成など文化化プロセスにも影響を及ぼす。子どもたちは自ら属する民族集団の伝統文化に接し、その民族特有の知性的・非知性的なものを身につけていく。その知性的ないしは非知性的なもののなかには、自民族の言語でしか伝えられないものもある。

　従来のウイグル社会では、子どもたちの人格形成など文化化プロセスに影響を及ぼす知性的・非知性的なものは保護者や教師をはじめとする大人からの示唆や指導を受けながら、家庭と学校教育を通して子どもたちに伝えられてきた。家庭では、子どもたちは親や他の家族の影響ないし指導を受けて、性格の基礎をつくったり、生活経験や社会知識を獲得したり、言語や行動規範を身につけたり、自民族の文化常識を習得したりする。日本語に「三つ子の魂百まで」とあるように、ウイグル社会でも「幼いころに受けた教育によって形成された性質・性格は、死ぬまでその根底は変わらない」という考え方がある。こうした考え方によれば、基本的な生活習慣や教養は家庭教育によって形成されるものに違いない。教育学者、雷通群（2008）は、人間が最初に受ける家庭教育の内容は、実際に伝統的な民族文化にそった教育であると指摘し、道徳教育における家庭の重要性について以下のように述べる[12]。すなわち、①人は家にいる時間がもっとも長く、受ける刺激も多く、感化力はもっとも強い。②家庭では家族間の主観的感情がもっとも深いし、一方が他方の影響を受けやすい環境が整っており、生活習慣や性格が形成されやすい。③親の厳しいしつけが子どもの悪習慣や非道徳的な行為を是正する。こうした考え方によれば、ウイグル族の文化に即した道徳性や道徳基準は家庭教育を通して子どもたちに伝えられていくべきであろう。

　幼児教育が普及する前、ウイグル族の文化に即した生活習慣や道徳教育はたしかに家庭で行なわれ、子どもたちが小学校に入った時点ですでに、

---

[12]　雷通群（2008）『教育社会学』福建教育出版社、46-54頁。

ウイグル社会で求められている行動様式を身につけていた。そして、従来の学校教育では、知識の伝達や成績を向上させることを重視すると同時に、子どもたちの道徳的実践力を高めていくことも重視されてきた。学校教育における道徳教育は家庭教育と一貫性があり、家庭で身につけた道徳性は学校教育を通してさらに強化され、揺るぎない「ウイグル的な」道徳観が形成されてきた。しかし、第5章で述べたように、幼児教育それ自体がまだ緩やかな発展段階にあったウイグル社会に、2004年から早期双語教育が導入され、小学校と変わりのない教育が行なわれるようになった。その結果、本来の幼児教育の基本指針である生活習慣の形成や道徳性の芽生えを培うなどといったことが十分に行なわれなくなった。

そして、従来の小中学校では、ウイグル文化に即した指導(しつけ)が行なわれ、「Uyghur Edebiyati(ウイグル語文)」、「地理」、「歴史」などの科目を通してまず自分たちが身につけた風俗習慣や価値観に触れながら授業を進めてきた。また、「助け合いながら勉強する」、「互いに傷つけないようにする」といった「協調」意識を育てることが重視されおり、学校の教育活動全体を通して、ウイグル社会で求めている道徳的価値およびそれにもとづいた人間としての生き方についての自覚を深め、道徳的実践力を育成することが大事にされてきた。

ところが漢語を教授用言語とする双語教育の普及とその拡大によって子どもたちを取り巻く言語環境や学習環境が大きく変化し、漢語の受容にともなって漢文化を知らずしらずに受容し、ウイグル的な風俗習慣や価値観が変容し、世代間の文化的一貫性が崩れている。一方、家庭においても学力の向上ばかりが求められ、家庭や地域が果たしてきた教育機能が低下し、社会全体のモラルも低下しつつある。子どもたちを取り巻くこうした社会的変化は、成長期にある子どもたちの道徳性の形成に大きな影響を与えている。これは、もちろんウイグル社会のみの問題ではなく、他の地域でも共通している現象でもあり、それは決して双語教育がもたらした結果だけではないということを断っておきたい。

90年代は、ウイグル社会において、民考漢らに対してウイグル語や慣習における「ウイグル人らしさ」の喪失[13]が指摘されていたが、そうした「ウイグル人らしさ」の喪失は、現在双語教育を受けている「准民考漢」[14]にも見られている。子どもたちの日常的また非日常的な場面におけることば使いや行動様式に注目してみると、彼らにウイグル社会で求められている基本的な道徳性や礼儀作法が欠けているように思われる。これは、家庭や学校における教育のあり方が大きく変わったことと関連していると考えられる。親や学校側も子どもたちの道徳意識が薄れていることを指摘しているが[15]、子どもたちの道徳意識を向上させるしつけないしは教育は家庭で行なうべきか、それとも学校で行なうべきかという点について意見が異なっている。学校側としては、ウイグル文化に即したしつけや道徳教育を家庭で行なうことを求めている。従来は、どんな家庭でも「alim bolmak asan, adem bolmak tes（科学者になるより、真人間になるのが難しい）」という諺を用いて、子どもたちにウイグルなりの道徳観念を教え込んでいたが、現在は幼稚園から学力を向上させることしか考えない親が増えている。子

13　坂元一光／シリナイ・マソティ（2007）「中国少数民族の言語と集団間関係の新局面――新疆ウルムチの「民考漢」を中心に」九州大学大学院教育学研究紀要、第9号。
14　50年代から90年代終わりまでは、幼いころから漢語を習い、普通学校へ入学し、大学入学試験を漢語で受ける「民考漢」と対照的な「民考民」というのがあった。しかし、現在では、漢語を教授用言語とする双語教育の普及やその拡大によって小学校から高校卒業するまですべての科目が漢語で行なわれ、「ウイグル語文」だけをウイグル語で行なう教育体制になっている。そうすると、「民考漢」と「民考民」の違いは主に「ウイグル語文」の習得と担任や各科目を担当する教師らが漢族かウイグル族かという二点になる。そのため、現在の双語教育を受けている子どもたちと「民考漢」らには大きな違いは見られない。
15　筆者がウルムチ市にあるA中学校で行なった双語教育に関する調査で得たデータによるものである。

どもたちのなかには、親の意思あるいは本人の意思で、下校後に塾や語学の勉強に行き、土日曜日は習い事に行く子が増えている。親たちの話によれば、子どもたちの宿題があまりも多いため、家庭では勉強と関係のない話はしないようし、家族がそろって会話を交わすことや食事を一緒に取ることすら少なくなっており、学校が道徳教育をしてくれることを期待している。こうした傾向から、学校教育でも家庭教育と一貫性をもって行なわれていた、ウイグル文化に即した道徳教育が、漢語を教授用言語とする双語教育に変えられた学校教育では行なわれていないことがうかがえる。

まとめ

　言語は人類の生活世界を映す鏡であり、言語をもってそれぞれの民族社会における、習俗、価値観、倫理道徳観を如実に表現することができる。そして、言語はまた異なる時代を生きる人々がもつ社会的文化、生活、習俗や思考方法（イデオロギー）を反映する。本章では、漢語を教授用言語とする双語教育において、ウイグル族の文化に即した道徳教育がどのように実施されているかという問題について考察を行なった。従来の学校教育は家庭教育と一貫性をもって、道徳教育を行なっていたが、現在はウイグル文化に即した道徳教育はそれぞれの家庭で行なう親の責任とされている。道徳教育は、たしかに家庭で親が行なう当たり前の教育ではある。しかし、現在子どもたちの学校にいる時間は家庭にいる時間より長く、親や他の家族に接する時間も限られている。こうしたなか、これからの学校は、家庭や地域と一体となって、子どもひとりひとりの道徳的自覚を促し、人間としてよりよく生きていく道徳的実践力を育成する必要があると考える。そのためにも、学校の教育活動全体を通じて行なう道徳教育を一層充実しなければならない。そして、社会生活全体における双語「受容」と教育における双語「導入」が以前より拡大しているなか、学校教育においてウイグル語を使用する教育場面を増やし、ウイグル語でしか伝えられないウイグル文化なりの道徳規範を子どもたちに伝えていく必要があると考える。そ

れによって、伝統的な道徳規範の現代教育における価値を高めることができ、さらに現代教育の進展を促し、学校教育が「教書育人（知識を教え、人を育てる）」と文化継承の役割を果たすことが期待できる。

終 章

民族教育の内実と和諧社会論

本書では中国少数民族地域の全体的な社会文化状況に大きな影響を及ぼす可能性を持つ双語教育政策の導入過程の実態を教育およびそれを取り巻く社会文化的コンテクストの両面から明らかにすることを通して、その課題等を指摘するとともに多言語共生社会への展望を探ることを目指した。本章では、現代中国少数民族教育の内実および少数民族教育と「和諧社会」論との関係性に焦点をしぼりつつ考察を加える。これまでの議論を念頭に置きながら、まず民族平等や教育機会均等を理念とする中国少数民族教育の内実について取り上げる。次に近年、中国政府がその建設を提起している「和諧社会（「共生社会」）」論が今後の民族教育の維持や発展にどのような道を切り開くことができるかを考察し、その展望を記したい。

第 1 節　本書の概要

　本書は、現代中国社会における少数民族双語教育の実態とそのダイナミックな局面、およびその受容の多様性を、教育現場のみならずその社会的・文化的コンテクストの両面から総体的に考察することによって明らかにした。
　第 1 章では、中国における民族教育や少数民族双語教育に関する諸概念を概観し、少数民族地域における民族教育は自民族の言語によって実施され、漢語ないしは双語教育を導入することによって、民族言語・文化の維持や発展と国民統合の実現を促す役割が法的に確保されている点を明らかにした。そして、民族教育の大きな課題である双語教育の定義に関する学説および双語現象や双語教学の概念について整理・解釈を行ない、双語教育における教授用言語の位置づけが曖昧であることを指摘した。また、双語教育の類型を概観し、漢語を第二言語とする従来の双語教育のタイプから、漢語を教授用言語とする新たな双語教育へと変わりつつある中国の

少数民族双語教育の動向を示した。

　周知のように、中華人民共和国が成立した当時（1949年）から中国の少数民族教育に関する法的規定、あるいは少数民族言語政策において、少数民族の児童・生徒の馴染みのある民族語（母語）による教育を受ける権利が保障されており、それと同時に漢語による学校教育を選択する自由も与えられてきた。こうした権利や選択の自由は、『憲法』、『中華人民共和国教育法』、『民族区域自治法』（2001年の改正案も含む）、2000年に公布された『中華人民共和国国家通用言語文字法』などにおいて変わることなく保障されている。中国の少数民族教育や双語教育に関するこうした枠組みを、本研究の対象地域である新疆ウイグル社会における民族教育や双語教育の政策論と実態論を論じる上での法制的バックラウンドとして位置づけた。

　第2章では、新疆の民族教育における漢語教育の導入過程を追い、1つの科目としていた漢語教育がどのようなプロセスを経て、現在の漢語を教授用言語とする双語教育に取って代わったのか、その制度・政策的変化のプロセスを明らかにした。新疆の主体民族であるウイグルの人々は、古くから独自の言語・文字を用いた「民族教育」を行なっていた。その「民族教育」は宗教（イスラーム）を基盤としていたため、漢語教育とはほとんど縁がなかった。漢語が教育の一貫として導入されたのは清朝時代であり、新疆の各地域に多くの義塾や学堂が設置され、漢語の普及が図られた。しかし、当時の漢語教育はウイグル社会の実情に適合しておらず、ウイグル＝イスラーム社会の否定につながる教育であったため、普及に至らなかったと考えられる。

　漢語教育は清朝崩壊後も進められていたが、民間にはほとんど広がることはなかった。中華人民共和国が成立した後、新疆政府は民族学校においてロシア語と同列に漢語を選択科目として設け、漢族学校では同じくロシア語と同列にウイグル語を選択科目として設けた。すなわち、新疆ウイグル社会における漢語教育はあくまでも自由に選択ができる1つの科目とし、新疆の主体民族であるウイグルの人々の自民族の言語・文字で教育を受け

る権利を重視する前提で、民族教育のなかに導入されていたと言える。しかし、改革開放政策の導入を契機として、漢語は新疆ウイグル社会の経済発展を促進し、人々に物資的な豊かさを与える手段として重視されるようになった。漢語教育を強化する政策が次々と打ちだされ（「民漢兼通」を目標とする双語教育、一部の科目を漢語で行なう「双語実験班」、「民漢合校」、漢語を教授用言語とする双語教育）、その結果、民族学校（教育）における漢語教育は「双語教育」という名目でのもと各教育段階に取り入れられ、その一層の普及や拡大が図られたのである。

　第3章では、双語教育に密接に関連するウイグルの人々の社会的言語環境を念頭にバザールなどを事例に、日常的に漢族や漢語との接触機会が多いウルムチ市と、ウイグル語話者が総人口の約9割を占めるカシュガル市の比較を通して、日常的な二言語使用の実態（双語現象の地域性）について明らかにした。ウイグルの人々は歴史的に多言語社会を生きてきたが、それは語彙や文法的に近い同じチュルク語系の多言語状況であった。そこでは、漢族や漢語との接触もなければ、漢語を必要とする社会的・経済的需要もなかった。しかし、中華人民共和国の成立、特に新疆ウイグル自治区の成立（1955年）後は、中国の他地域から新疆へ大量に移住してきた漢族住民が、新疆の民族構成や社会的言語環境および経済活動に強い影響を与え、ウイグル社会の文化的・政治経済的状況に大きな変化をもたらした。その結果、本来ウイグル語を中心として経済活動が行なわれていた新疆ウイグル社会では、漢語使用の必要性が生まれ、それがウイグルのエスニックな公的空間であったバザールにまで波及しつつある。これまでバザールの主な商業言語であったウイグル語に漢語が加わり、双語化が進んでいるのである。漢語はウイグルの人々にとって経済的恩恵を得るための不可欠な手段となっているのである。

　第4章では、民族教育における教授用言語の漢語化の現状を取り上げ、その実態を明らかにした。民族学校で教授用言語に漢語を用いる最初の「双語実験班」の試みは、実験クラスを設ける学校（高校）のハード・ソ

フト両面での諸条件の整備や生徒の漢語能力など厳密な基準に従って設置されたため、第一期の卒業生は高い進学率を見せたように思われる。しかし、その後の急速な普及や拡大は、教育の担い手である教員の漢語能力の低下問題を引き起こし、また漢語で授業を受けられない生徒も実験クラスに入らざるを得ない状況を作り出した。

　高等教育（大学）の場合は、中等教育と違ってウイグル文学など特殊な科目以外のすべての科目を漢語で行なうよう求められていたため、学生のなかには漢語で受講することに困難を感じている者も多く、科目としての漢語教育の必要性を訴えている実態が明らかになった。そして、教員の漢語能力の問題は特に深刻で、第一言語であるウイグル語による思考力、表現力、解釈力、想像力、判断力などの水準を保ったまま、これらを漢語に切り替えることに限界や困難を感じている。つまり、新疆の多くの民族中等教育および高等教育では、まだ教授用言語の漢語化に対応できるような環境が十分に整備されていない現状が明らかになった。

　第5章では、二言語教育に関するこれまでの研究を踏まえ、新疆の双語教育における母語の役割や、その重要性について、小学校および幼児園で実施した参与観察から考察をした。その結果、新疆の漢語を教授用言語とする双語教育は、中等・高等教育の場合と同じく学生や教員の漢語能力の不足という共通の課題を抱えながら、小学校低学年から幼児教育段階まで促進拡大されている実態を明らかにした。また、新疆を含め中国の双語教育研究においては、「第二言語習得のスタート年齢は早いほど学習しやすくなる」との考え方だけが先行し、少数民族の子どもの教育や成長における母語形成期の重要性や、あるいは彼らが置かれた社会的言語環境や家庭での言語生活への配慮はほとんどなされていない実態も明らかにした。

　このように、各教育段階で進められている双語教育の実態を明らかにすることを通して、実際の教育現場では、中国の少数民族政策あるいは憲法や少数民族区域自治法において少数民族の教員や児童・生徒らに対し保障されているはずの正当な言語使用の権利や言語選択の自由が十分に享受で

きなくなっている問題点を指摘した。

　第6章では、ウイグルの子どもたちの漢語受容の実態を家庭と地域社会という2つの生活場面に即して論じるとともに、早い段階から漢族学校で教育を受けた子どもたち（民考漢）の事例を通して、言語の果たす文化的役割（言語とアイデンティティ形成や人格形成などの問題）について考察を行ない、「ウイグル的な」風俗習慣や地域文化に即した家庭教育と学校文化の違いや不連続性からくる子どもの不適応や学力問題について指摘した。そして、家庭教育・文化と異なる学校教育・文化が子どもたちの人格形成やアイデンティティ形成に影響を及ぼす可能性について明らかにした。

　第7章では、漢語を教授用言語とする双語教育において、ウイグル族の文化に即した道徳教育がどのように実施されているかという問題について考察を行なった。第1節では、思想・政治教育を道徳教育の重要な内容とする中国道徳教育のあり方を概観し、ウイグル社会における道徳教育の特徴とその社会的役割を述べた。第2節では、新疆における双語教育の最近の動きや発展の趨勢を示し、漢語を教授用言語とする双語教育のなかでウイグル族の伝統的な道徳規範や価値観などを家庭と学校教育を通じて子どもたちに伝えていく必要性を指摘した。

第2節　現代中国における民族教育の内実

2.1　民族平等と民族学校

　中国の憲法では、「中華人民共和国は、全国の諸民族人民が共同で作り上げた統一した多民族国家である（序言）。中華人民共和国の諸民族は、一律に平等である。国家は、すべての少数民族の合法的な権利および利益を保障し、民族間の平等、団結および相互援助の関係を維持、発展させる。（略）（第4条）」として、異なる言語や文化を有する諸民族の「平等」を保

障している。憲法におけるこうした保障は、中華人民共和国が成立してからこれまで4度の憲法改正でも変わることなく現在に至っている。小川(2001)も指摘する通り、ここから導かれる社会主義の教育とは、「一律に平等」に扱われる諸民族が構成する「平等」社会の実現を追求していく教育、言い換えれば、「民族平等」社会実現のための教育のことである。

　第1章で述べたように、多くの近代国家において、学校教育は人々を平等にするためのシステムであるとの前提のもとで、平等な社会を実現するために教育を受ける権利が保障されてきた。多民族国家中国では、各民族に教育を受ける権利を平等に与えるため民族教育を設置し、民族学校を設けている。その民族学校は、少数民族の文化を尊重し、それを維持・発展させる主たる場でもあり、国民統合の実現を目指す1つの手段でもある。そこでは、教授用言語が個々の民族言語である場合が多く（地域や民族集団によって異なる）、少数民族の児童・生徒に馴染みのある民族語（母語）による教育を保障することによって民族平等が図られ、制度上は民族平等が実現されている。しかし、実態はどうであっただろうか。まず教育内容に注目してみると第5章で見てきたように、各民族の「語文」（国語に相当する教科）を除いて、その他の教科は普通学校と同様の教科内容をそのまま民族語に訳したものであり、各民族の歴史や文化に即した教育内容はほとんど含まれていない。本来、民族教育には「少数民族文化尊重の下では、ただ、普通学校（漢族学校）と異なる民族学校があればよいのではなく、それに加えて、少数民族の文化を維持、発展させるような教育内容を伴っていなければならない」（小川 2001; 格日楽 2006）とあるように諸民族の文化に即した教育内容が考慮されなければならないと思われる。

　いうまでもなく民族学校も教育内容の調整と同じく自民族の文化に即した教育のための重要な教育施設であると言える。しかし近年、民族学校と普通学校を統合する「民漢合校」が急速に進んでおり、少数民族地域では民族学校が急減している。普通学校との統合が進むことによって従来のよ

うな独立した敷地と名称をもった民族学校はなくなりつつある[1]。「民漢合校」の公式の目的は、学校設備や資金不足等の問題解決、そして、少数民族の児童・生徒に漢語や漢族児童・生徒と接触可能な言語環境を作り上げ、彼・彼女らの漢語レベルを高めることである。こうした方針にもとづいて、例えば、延辺朝鮮族自治州では、1990年に234校あった朝鮮族小学校が1995年に134校、2004年には70校にまで減少した。内モンゴル自治区でも、1993年から2002年の間に、民族小学校が3026校から1347校へ、民族中学校が390校から294校へと減少している（岡本2008:583）。民族区域自治でありながら民族学校が消えつつある現象に関して、少数民族の間では不満の声が上がっており、研究者の間でも議論が始まっている[2]。

2.2 教育機会均等と民族教育

第1章で述べたように、理念上は少数民族の児童・生徒のために母語で教育を受けられる民族教育システムを用意すると同時に普通（漢族）学校への進学の道も開くことによって、平等と卓越という2つの教育課題

---

1 しかし、その一方で、筆者がこの3、4年間の間、参与観察を行なったウルムチの学校では、形式上の「民漢合校」が多く、民族クラスと漢族クラスはそれぞれ別の棟におかれている。児童・生徒の交流も見かけないし、休憩タイムをそれぞれ別々に過ごしている。教授方法や教育内容にも大きな変化はなく、学校の大きな行事を一緒に行なうことを除いて、合校前の学校形態と変わりないようである。少数民族の教員と漢族の教員が同じ教員室を利用している学校は僅かしかなく、教員が担当するクラスも基本的に民族別になっていた。学校によって、民族クラスの『語文』の授業を漢族の教員が担当しているケースは見られるが、漢族のクラスに少数民族の教員を配置しているケースは見られない。

2 筆者の2008年の現地調査で、新疆教科所の関係者が区都ウルムチ市で民族学校がなくなっていく傾向に関して、カザフ族の人々が民族文化や伝統の喪失に非常に危機感を感じ、不満を述べ始めていることや、こうした少数民族の不満に現地の研究者も注目し始めたと語っていた。

の達成を目指す教育制度が整えられている。民族教育と普通教育両方の役割を果たす双語教育も実施され、教育機会均等が図られている。しかし、中国の急速な経済発展にともなう社会変動が、これまで保障されてきた教育機会均等のバランスを崩し、漢語の優位性を過度に正当化しつつある。また、少数民族の人々の間でも、子どもの進学や就職の問題および将来の社会的地位などを考え、漢語教育（普通学校）を選択する者が増えている。漢語教育選択者の増加は、民族教育における漢語教育の比重にも影響を及ぼし、従来の民族語は次第にその教授用言語としての機能を失いつつある。さらに、何らかの理由で民族語で教育を受けることを望む人々にとって教育機会均等ないし、憲法で保障された自民族語での教育が十分に享受できないケースも増えている。双語教育の名のもとに強化されている漢語教育は、民族教育のもつ2つの方向性の力点を「民族化」から「一般化」へと移すものであり、結果として学校教育における民族教育の側面を相対的に衰退させるものである（坂元他 2006:74）。

　新疆では、ウイグルの児童・生徒が漢語で教育を受けることで彼・彼女らの教育や将来の生活状況が改善され、教育機会均等が実現できるという考え方が広がりつつある。しかし、現実には民族学校や民族クラスの教員は不十分な漢語能力で教育を行なわざるを得ない状況にあり、多くの教員は表現力の限界のために授業内容を児童・生徒や学生らに十分に伝えられるか不安を抱えている。また、児童・生徒も、母語による授業ではなく、不十分な第二言語の漢語で授業を受けることで、各科目自体の学習効果が阻害されていることが窺われる。

第3節　「和諧社会」論と民族教育

　序章で述べたように、胡錦濤政権の大きな政治目標として「和諧社会」

の構築が提起され、中国の今日的な各種矛盾や問題を解決する取り組みとして注目されている。先に述べた広範にわたる「和諧」の対象には民族教育に関する文言は含まれていない。しかし、近年中国でも経済発展にともなって消滅しつつある少数民族の言語文化を保護し、それをさらに発揚させることで文化的多様性を保つことができ、和諧社会の実現を促すという論調が出始めている。さらに、和諧社会を構築するにはまず漢語と少数民族言語の関係や少数民族同士の言語関係の「和諧」である「言語和諧」の構築が必要との指摘もなされている。

　和諧社会の実現において重視されている文化的多様性の保護の考え方は、多くの課題を抱えた現在の民族教育のあり方を見直し、少数民族の意向にもそったかたちで再構築するチャンスにつながると考えられる。なぜならば、少数民族各自の言語・文字の使用、維持やその発展は民族教育を通してはじめて可能となる。それによって、少数民族各自の歴史、文化、伝統、生活習慣などが維持され、それを次世代に伝えていくことができる。言い換えれば、多民族国家中国においては、民族教育は文化的多様性を保つための鍵であると言える。他人の舌でご飯の美味しさを味わうことができないように、他人のことばで自らの文化、伝統、生活習慣などを学習し、それを維持・伝承していくことはできない。

　和諧社会の実現に必要とされる「言語和諧」を打ち出した戴慶厦（2007）の「言語和諧の概念は各民族の自らの言語文字を使用し、発展させる自由を憲法と同様に保障し、その「自由」を如何に実現させるかをさらに具体化した」という指摘には、日常生活に必要不可欠な母語使用の権利あるいは自由の重要さが示唆されている。母語にもとづく固有の生活世界を生きる多様な民族を抱える中国社会では、言語的他者への尊重と共存を実現する「言語和諧」の理論と実践がたしかに必要である。しかし、その実現は戴慶厦（2007）が指摘するような「強勢言語」の漢語と「弱勢言語」の少数民族言語の「互補」関係では期待できない。「言語和諧」は、少数民族の人々が母語使用の権利を十分に享受できる社会環境と、子どもたちに対

して教授用言語の真の選択権が保障されている学校教育制度がバランスよく整備されてはじめて実現できるものと考える。そしてその社会こそが「和諧社会」あるいは多言語・多文化の共生社会と言えるだろう。

結語——今後の展望と課題

　本書では、フィールドワーク、公的文書、法令をもとに新疆ウイグル自治区で行なわれている双語教育を例にしつつ、現代中国社会における民族教育の内実について探ってきた。その際、第一、少数民族双語教育の実態や動向を教育現場のみならず、少数民族の社会的・文化的コンテクストに即しつつ全体（holistic）として把握し、またその移行の過渡期における現地の様子を具体的・全体的に明らかにするよう心かけた。第二、双語教育の直接の受け手である子どもたちやその親、そして双語教育を担っている教員の間の様々な意見や考え方を、それぞれの具体的な場面に即して明らかにするよう心がけた。第三、双語教育の推進や拡大によって、少数民族地域の社会的・文化的側面に様々な変化が現われ、民族文化・風俗習慣および価値観が変容しつつあることを明らかにするよう心がけた。第四、中国のこれまでの制度論的、あるいは政策提言に偏った双語教育研究を補い、政策・制度と実態の2つの視点から双語教育をより総合的に把握することで、中国民族教育研究の新しい局面を切り開くことを心がけた。第五、中国の少数民族双語教育に着目した本書は、これまでの欧米地域を中心としたバイリンガル教育研究に対し、その地域性や対象において新たな知見を加えることに心がけた。新疆のような多民族の地域における少数民族教育ないしは双語教育の内実を探ることは、中国のほかの地域に居住する様々な民族の民族教育を考察する上で、参考になってくるはずである。

　しかし、今後の課題としては、以下の点が残されている。第一、教授用言語を漢語に切り替えようとする民族教育は現在過渡期にあり、今後の展開はいまだに予断を許さない。一部に見られる様々な混乱や困難がどのように乗り越えられるのか今後も教育行政や教育現場そして生活場面等の側

面から調査研究を続けていく必要があると考える。第二、近年打ち出された「和諧社会」論にもとづく民族教育の実施や維持を理念上の保障から実践レベルの保障へとつなぐための方策についてもさらなる検討を重ねる必要があると考える。

あとがき

　私が来日したのは2000年4月のことで、2004年になってから本格的に中国における少数民族教育を研究し始めた。私が日本でこの研究に取り組んだのは、それまでの生い立ちが深く関係していた。

　かつて新疆ウイグル自治区には、初等教育から高等教育まで、漢語が1つの授業科目に位置づけられていた時代があった。私自身も小学校から高等学校を卒業するまでのあいだ、ウイグル語で授業を受けており、漢語は授業科目の1つにすぎなかった。こうした環境のなかで漢語を勉強してきた私だが、1992年に大学を卒業した後、新疆工学院（2001年に新疆大学と合併となった）の言語教学研究部で約8年のあいだ漢語教員として教育に従事する機会を持つことができた。そのときの教育対象者の多くはウイグル族であり、毎年約1000人が入学してきた。そのうち9割は、1年間の漢語勉強を終えてHSKの定められた級を合格することで、本人たちがあらかじめ選んでいた学部に進学し、残りの1割は、2年間の漢語勉強を終えてHSKの定められた級に合格することで、沿海地域や内地の大学へ進学することができた。また2000年までは、少数民族の人々にとって漢語は、公務員試験や資格試験などに必要となる外国語の代わりになっていたのである。

　しかし、ウイグル族の学生らに漢語を教えたときの実感として強く印象に残ったのは、「小学校から高等学校まで漢語を勉強し大学も合格しているのに、なぜ簡単な日常会話さえ上手に出来ないのか」という新入生の漢語力に対する疑問だった。私が日本で中国の少数民族教育、とりわけ少数民族に対する双語教育を研究したきっかけは、このときの実体験がもとになっている。

　本書は、2010年に九州大学大学院人間環境学府に提出した博士論文『中国新疆ウイグル自治区における少数民族双語教育に関する研究』に、

一部加筆修正したものである。博士論文の執筆および本書の発行は、多くの方々のご指導やご支援、また励ましなくしてはなしえなかったことであるが、そのなかでも特に次の方々に御礼申し上げたい。

まず、人類学の基礎的知識も持たない私を人類学の道へ導いて下さった九州大学大学院人間環境学研究院の坂元一光先生には、6年という長きにわたりご指導を頂けたことに大変感謝している。この間、研究論文の執筆や研究助成への申請について、とても丁寧にご指導頂いたことを今でも懐かしく思い出す。本書の出版によって、坂元一光先生から受けた数えきれないほどの学恩に少しでも報いることができれば幸いである。また、博士論文の完成までには、望田研吾教授、竹熊尚夫教授に多くのご指導を賜った。論文構想発表会などで先生方からご指導やご助言を頂いたことが、本論文の作成に大きな助けとなったことに対して、この場をお借りして深い感謝を申し上げたい。さらにゼミ、研究会、日常のなかで、院生仲間の皆様から大変有益なご示唆と励ましを頂いたことにも、深く御礼申し上げたい。

新疆での調査にあたっても多くの方々にお世話になった。参与観察の実施を可能にして下さった小中高校の校長先生や教員のみなさま、また困難な環境のなかでも快くインタビュー調査に応じて下さったインフォーマントの方々のご協力なしに、本研究は成り立たなかった。

一人ひとりお名前を挙げることはできないが数多くの出会いが、筆者の研究に励みと深みを与えてくれた。そうしたすべての人たちのおかげで本論文を完成させることができたことに、心から御礼申し上げたい。

なお、本書の調査を実施するには、平成18年と平成20年の福岡市（財）アジア都市研究所の若手研究員研究助成、平成21年の富士ゼロックス小林節太郎記念基金（2009年）と松下国際財団研究助成金の交付により実現した。本書の出版は新疆ウイグル自治区人力資源と社会保障庁による研究費補助金の交付により実現した。また、編纂にあたっては三元社の石田俊二社長から多大なご協力をいただいた。ここに記して謝意を表した

い。

　最後に、私の研究活動をいつも支え、見守ってくれた両親や娘をはじめとする家族のみんなに、心からの感謝の気持ちを伝えたい。

　本書は、現代中国における少数民族教育の現状と課題を、新疆ウイグル自治区で実施されている双語教育の実態に即して描きだしたものであるが、内容については十分な誇りを持てるレベルのものではなく、多くの課題が残っていることを自覚している。今後、中国の少数民族言語政策や中国少数民族教育を研究されている研究者や読者のみなさまからは、多くの批判を頂戴することは間違いない。しかし、そのような批判を頂くことこそが、私自身の研究や中国少数民族言語政策研究のさらなる深化に繋がることではないかと考えている。本書による研究成果がわずかでも中国少数民族教育や新疆ウイグル社会に還元され、その一助となれば望外のよろこびである。

　本書に収めて論考は、これまで発表したものが多いが、そのすべてに加筆、修正などをしている。初出一覧は以下の通りである。

　　　序　章：「中国における多言語共生社会の構築をめぐって」九州大学大学院人間環境学研究院国際教育文化研究会編『国際教育文化研究』vol.10、2010年、61-72頁、加筆修正。
　　　第1章：「中国における少数民族双語教育に関する研究――多言語共生の視点から」九州大学大学院人間環境学府教育システム専攻教育学コース編『飛梅論集』第9号、2009年、17-32頁、加筆修正。
　　　第2章：「新疆ウイグル自治区におけるバイリンガル教育について――地域格差を中心に」九州教育学会編『九州教育学会研究紀要』第33巻、2005年、173-180頁、加筆修正。
　　　第3章：「中国新疆ウイグル自治区における経済開発と言語変容

──バザールを中心に」九州大学大学院人間環境学研究院国際教育文化研究会編『国際教育文化研究』vol.7、2007年、97-108頁、加筆修正。

第4章：「新疆ウイグル自治区におけるバイリンガル現象の地域的変異」九州大学大学院人間環境学研究院国際教育文化研究会編『国際教育文化研究』vol.6、2006年、125-13頁；「Present State and Prospects of Bilingual Education in Xinjiang-An Ethnographic Perspective」『Chinese Education And Society』A JOURNAL OF TRANSLATIONS NOVEMBER-DECEMBER、2008, 37-49頁；「中国新疆ウイグル自治区における双語教育の現状と課題について──高等教育を中心に」九州教育学会編『九州教育学会研究紀要』第34巻、2006年、201-208頁、加筆修正。

第5章：「中国の少数民族双語教育における母語の位置づけ──新疆ウイグル自治区の民族教育をめぐって」九州大学大学院人間環境学研究院国際教育文化研究会編『国際教育文化研究』vol.9、2009年、125-137頁；「幼児教育にみる中国新疆ウイグル自治区の双語教育」アジア教育学会編『アジア教育』第2号、2008年、12-23頁、加筆修正。

第6章：「中国少数民族の子どもと漢語受容──新疆都市部における言語接触と人間形成」九州大学大学院人間環境学研究院国際教育文化研究会編『国際教育文化研究』vol.8、2008年、19-34頁、加筆修正。

第7章：「双語教育における道徳教育の実施について──ウイグル族の事例を中心に」九州大学大学院人間環境学研究院国際教育文化研究会編『国際教育文化研究』vol.14、2014年、81-89頁、加筆修正。

終　章:「中国における多言語共生社会の構築をめぐって」九州大学大学院人間環境学研究院国際教育文化研究会編『国際教育文化研究』vol.10、2010 年、61-72 頁、加筆修正。

参考文献

日本語

阿思根（アスコン）
 2001「内モンゴルにおける遊牧社会の崩壊課程と現存する諸問題」『日中社会学研究』9号、7-17頁。

アナトラ・グリジャナティ
 2005「新疆ウイグル自治区におけるバイリンガル教育について——地域格差を中心に」九州教育学会編『九州教育学会研究紀要』第33巻、2005年、173-180頁。

アナトラ・グリジャナティ
 2006「新疆ウイグル自治区におけるバイリンガル現象の地域的変異」九州大学大学院人間環境学研究院国際教育文化研究会編『国際教育文化研究』vol.6、2006年、125-13頁。

アナトラ・グリジャナティ
 2007「中国新疆ウイグル自治区における双語教育の現状と課題について——高等教育を中心に」九州教育学会編『九州教育学会研究紀要』第34巻、2007年、201-208頁。

アナトラ・グリジャナティ
 2007「中国新疆ウイグル自治区における経済開発と言語変容——バザールを中心に」九州大学大学院人間環境学研究院国際教育文化研究会編『国際教育文化研究』vol.7、2007年、97-108頁。

アナトラ・グリジャナティ
 2008「幼児教育にみる中国新疆ウイグル自治区の双語教育」アジア教育学会編『アジア教育』第2号、2008年、12-23頁。

アナトラ・グリジャナティ
 2009「中国における少数民族双語教育に関する研究——多言語共生の視点から」九州大学大学院人間環境学府教育システム専攻教育学コース編『飛梅論集』第9号、2009年、17-32頁。

アナトラ・グリジャナティ
 2008「Present State and Prospects of Bilingual Education in Xinjiang-An Eth-

nographic Perspective」『Chinese Education And Society』A JOURNAL OF TRANSLATIONS NOVEMBER-DECEMBER、2008、37-49 頁。

アナトラ・グリジャナティ

2009「中国の少数民族双語教育における母語の位置づけ──新疆ウイグル自治区の民族教育をめぐって」九州大学大学院人間環境学研究院国際教育文化研究会編『国際教育文化研究』vol.9、2009 年、125-137 頁。

アナトラ・グリジャナティ

2010「中国における多言語共生社会の構築をめぐって」九州大学大学院人間環境学研究院国際教育文化研究会編『国際教育文化研究』vol.10、2010 年、61-72 頁。

アナトラ・グリジャナティ

2010「中国における多言語共生社会の構築をめぐって」九州大学大学院人間環境学研究院国際教育文化研究会編『国際教育文化研究』vol.10、2010 年、61-72 頁。

アナトラ・グリジャナティ

2011「教育現場における言語使用の変化とその民族的・社会的影響──新疆ウイグル自治区・ウルムチにおける双語教育を事例に」『ことばと社会』13 号、2011 年、126-147 頁。

アナトラ・グリジャナティ

2014「双語教育における道徳教育の実施について──ウイグル族の事例を中心に」九州大学大学院人間環境学研究院国際教育文化研究会編『国際教育文化研究』vol.14、2014 年、81-89 頁。

尹貞姫

2005「現代中国朝鮮族における言語問題と学校選択──延辺地域の言語使用に関する調査・分析を手がかりとして」『ことばの科学』2005 年、18 号（名古屋大学　言語文化研究会）119-141 頁。

尹貞姫

2005「中国における「国民教育」と「少数民族教育」の相克──中国朝鮮族学校における教育課程に着目して」『国際開発研究フォーラム』第 30 号、183-200 頁。

植田晃次

2006「「ことばの魔術」の落とし穴──消費される「共生」」植田晃次・山下仁編著『「共生」の内実』三元社。

江渕一公・酒井豊子・森谷正規

2000『共生の時代を生きる──転換期の人間と生活』放送大学教育振興会。
岡修夫
2003『日本のバイリンガル教育』三修社。
小川佳万
2001『社会主義中国における少数民族教育──「民族平等」理念の展開』東信堂。
小野原信善・大原始子
2004『ことばとアイデンティティ──ことばの選択と使用を通してみる現代人の自分探し』三元社。
岡本夏木
1985『ことばと発達』岩波書店。
岡本雅亨
1999『中国の少数民族教育と言語政策』社会評論社。
岡本雅亨
2001「中国のマイノリティ政策と国際規準」『現代中国の構造変動7（中華世界－アイデンティティの再編）』岩波書店。
岡本雅亨
2008『中国の少数民族教育と言語政策』社会評論社［増補改訂版］。
片岡一忠
1991『清朝新疆統治研究』雄山閣。
桂木隆夫
2003「社会主義、言語権、言語政策」『ことばと共生』三元社。
加藤弘之
2003「西部大開発の現状と課題」『地域の発展──シリーズ現代中国の経済6』名古屋大学出版会。
木村護郎クリストフ
2006「「共生」への視点としての言語権──多言語的公共圏に向けて」植田晃次・山下仁編著『「共生」の内実』三元社。
金光旭
2003「中国における少数民族言語の使用に対する法的保障」桂木隆夫『ことばと共生』三元社。
黒田一雄・横関裕美子
2005『国際教育開発論』理論と実践、有斐閣。
倪冬岩
2007「中国における道徳教育の動態」『現代社会文化研究』No38、2007年、

115-132頁。

古石篤子
 2007「移住者と言語権の実践——特に子どもの言語的人権について」渋谷謙二郎、小嶋勇編著『言語権の理論と実践』三元社。

小島祐輔
 2008「中国「和諧社会」論と少数民族——中華民族の多元性という本質主義の批判的考察」『現代社会学理論研究』第2号、日本社会学理論学会発行、128-140頁。

此本臣吾
 2007「中国の目指す新国家像としての「社会主義和諧社会」」『知的資産創造』2007年、9号、10-31頁。

コリン・ベーカー著、岡秀夫訳・編
 1996『バイリンガル教育と第二言語習得』大修館書店。

S・R・ラムゼイ著、高田時雄他訳
 1990『中国の諸言語——歴史と現況』大修館書店。

坂元一光、アナトラ・グリジャナティ
 「中国少数民族の子どもと漢語受容——新疆都市部における言語接触と人間形成」九州大学大学院人間環境学研究院国際教育文化研究会編『国際教育文化研究』vol.8、2008年、19-34頁。

坂元一光／シリナイ・マソティ
 2007「中国少数民族の言語と集団間関係の新局面——新疆ウルムチの「民考漢」を中心に」九州大学大学院教育学研究紀要、第9号、平成19年3月。

真田真治編
 2006『社会言語学の進展』くろしお出版。

JACETバイリンガリズム研究会
 2003『日本のバイリンガル教育』三修社。

清水由里子
 2004「近年の新疆ウイグル自治区における「双語」教育を巡る動向について」『イスラム世界』63号。

清水由里子
 2007「ウイグル人の女子学校教育の開始とその展開——1930年代のカシュガルを事例に」平成15年度〜平成18年度科学研究費補助金（基盤研究A（1））研究成果報告書『中央アジアにおけるウイグル人地域社会の変容と民族アイデンティティに関する調査研究』（研究代表者、新免康）。

渋谷謙二郎
  2007「言語権」渋谷謙二郎、小嶋勇編著『言語権の理論と実践』三元社。
末藤美津子
  2002『アメリカのバイリンガル教育──新しい社会の構築をめざして』東信堂。
鈴木達也
  1995「新疆ウイグル自治区における複数言語環境の現状についての一考察──アルタイ地区および伊寧市の実例をふまえて」『アジアの言語・教育・宗教』アジア研究所・研究プロジェクト報告書、No. 7、亜細亜大学アジア研究所。
鈴木敏和
  2000『言語権の構造』成文堂。
鄭雅英
  2000『中国朝鮮族の民族関係』アジア政経学会（第37巻）。
張瓊華
  1998「中国における二言語教育と民族アイデンティティの形成──民族文化共生の視点から」『比較教育学研究』第24号。
張瓊華
  1998「中国における二言語教育と生徒の進路意識」『東京大学大学院教育研究科紀要』。
張瓊華
  2001「中国における二言語教育と少数民族集団の選択」『東京大学大学院教育研究科紀要』。
長澤和俊
  1983『シルクロード文化史Ⅱ』白水社。
中島和子
  1998『バイリンガル教育の方法　12歳までに親と教師ができること』アルク。
中島勝住
  1985「中華人民共和国における少数民族教育問題」『多文化教育の比較研究教育における文化的同化と多様化』（小林哲也他編）九州大学出版会。
費孝通（1998）著、塚田誠之訳
  2006「エスニシティーの探求　中国の民族に関する私の研究見解」瀬川昌久・西澤治彦『中国文化人類学リーディングス』風響社。
藤山正二郎
  1998「漢語バイリンガル教育とウイグル・アイデンティティ」『福岡県立大学紀要』第7巻、第1号。

藤山正二郎
　1999「ウイグル語の危機――アイデンティティの政治学」『アジア遊学No. 1』勉誠出版。
藤山正二郎
　2002「ジェンダー・イスラム・社会主義――ウイグル社会における女性の社会的地位」福岡県立大学紀要　2002年，Vol.10, No.2, 1-13頁。
藤山正二郎
　2006「ウイグル社会の民俗宗教におけるタブーとジェンダー」福岡県立大学人間社会学部紀要　2006年，Vol.14, No.2, 1-13頁。
藤山正二郎
　2007「言語教育、実践共同体、身体知――ウイグルの漢語教育」福岡県立大学人間社会学部紀要　2007年，Vol.15, No.2, 37-48頁。
松江宏他著
　1999『現代中国の消費と流通』愛知大学経営総合科学研究所。
宮下尚子
　2007『言語接触と中国朝鮮語の成立』九州大学出版会。
宮島喬
　1999『文化と不平等　社会学的アプローチ』有斐閣。
格日楽
　2006「中国民族教育における教育自治権について：民族教育の使用言語文字と教育内容に対する自治権を中心に」『一橋法学』第5巻、第3号、327-350頁。
芒来夫
　2006「中国における民族自治地方の立法自治権の現状と課題――内モンゴル自治区を中心に」『一橋法学』第5巻、第3号、49-74頁。
山崎雅人
　2001「言語と民族のアイデンティティ」佐々木信彰編『現代中国の民族と経済』世界思想社。
山本雅代
　1996『バイリンガルはどのように言語を習得するのか』明石書店。
山本雅代
　2000『日本のバイリンガル教育』明石書店。
湯川笑小
　2004「バイリンガルの言語習得」小池生夫　編集主幹　寺内正典・木下耕児・

成田真澄　編集『第二言語習得の現在　これからの外国語教育への視点』、大修館書店。

横堀克已他
　2005「少数民族の「双語」人材を育てる」『人民中国』10号、人民中国雑誌社、14-16頁。

李天国
　2000『移動する新疆ウイグル人と中国社会――都市を結ぶダイナミズム』ハーベスト社。

リズワン・アブリミティ
　2007「1980年代の新疆におけるウイグル民族文化の復興と民族教育の新たな確立」研究代表者　新免康『中央アジアにおけるウイグル人地域社会の変容と民族アイデンティティに関する調査研究』。

若林敬子
　1996『現代中国の人口問題と社会変動』新曜社。

渡邊已
　2004「北アメリカ北西先住民にみる言語とアイデンティティ」『ことばとアイデンティティ――ことばの選択と使用を通してみる現代人の自分探し』三元社。

中国語

巴戦竜・滕星
　2004「人類学・田野工作・教育研究――一個教育人類学家的関懐、経験和信念」『中南民族大学学報』。

包爾漢
　1984『新疆50年』文史資料出版社、

崔英錦
　2006「言語人類学視透闢透視我国少数民族双語教育」『中国建設教育』第12巻、第12期、6－10頁。

陳立鵬
　2007『中国少数民族教育立法新論』中央民族大学出版。

成崇徳
　2002『清代西部開発』山西古籍出版社。

陳学迅
　2001「双語――西部大開発的加速器」『言語与翻訳』第3期、1-5頁。

陳新瑜

M・F 麦凱、M・西格恩著、厳正、柳秀峰訳
1989 『双語教育概論』光明日報出版社。

馬戎
2004 『民族社会学——社会学的族群関係研究』北京大学出版社。

馬以念・沈恵
2001 「回族言語、回族教坊与回族社区幼児教育」『民族教育研究』第4期。

买提熱依木・沙依提
1999 「喀什、和田地区維吾爾族児童生活環境和漢語学習調査報告」『民族教育研究』第2期。

买买提吐尔逊．阿布都拉
2006 「試論母語在双語教学中的作用」『言語与翻訳』第3期、66-70頁。

麦志強
1999 「1 概論」謝国基等編著『現代中小学徳育研究与探索』科学出版社、1999年、2頁。

欧陽志
2008 「新疆解放以来有関漢語和双語教学的文件及政策規定総述」。新疆維吾爾自治区教育科学研究所・新疆維吾爾自治区教学研究室編　劉軍主編『新疆中小学校漢語『双語』教学研究』新疆教育出版社。

曲木鉄西
1995 「双語教育研究二題」『民族教育研究』71-74頁。

唐平・周文宣
2007 「論構建社会主義和諧社会的理論来源」『理論与当代』第4期、25-26頁。

滕星・王軍主編
2002 『20世紀中国少数民族与教育』民族出版社。

滕星
1998 「中国新疆和田維吾爾族維漢双語教育考察報告」『民族教育研究』、第4期

滕星・楊紅
2004 「西方停学業成職帰因理論的本土化闡釈——山区拉祜族教育人類学田野工作」『広西民族学院学報』。

王嘉毅・呂国光
2006 『西北少数民族基礎教育発展現状与対策研究』民族出版社。

王建娥
2006 「族際政治民主化——多民族国家建設和諧社会的重要課題」『民族研究』第5期、1-11頁。

1995「'双語教学'管見」『民族教育研究』56-57頁。

戴慶厦・何俊芳

1997「論"双語学"」『民族研究』第6期、59-64頁。

戴慶厦・何俊芳

2006『語言和民族（二）』中央民族大学出版社。

戴慶厦　主編

2004『中国瀕危語言個案研究』民族出版社。

丁石慶

2006『双語族群言語文化的調適与重構』中央民族大学出版社。

費孝通

1999『費孝通文集』第14巻、群言出版社。

喬　翔

2007「馬克思人的解放思想与和諧社会構建」『唯実』第4期、12-16頁。

古麗尼薩・加玛勒

1997「新疆伊犁哈薩克自治州民族中小学漢語教学質量現状」『民族教育研究』第2期。

郝時遠

2005「構建社会主義和諧社会与民族関係」『民族教育研究』第3期、1-31頁。

郝時遠

2007「社会主義和諧社会的重要概念：尊重差異、包容多様」『民族研究』第1期、1-8頁。

何俊芳

2005『言語人類学教程』中央民族大学出版社。

胡張富

2003「内地新疆高中班預科数学分層教学的実践与思考」『新疆双語教育』第1期、新疆双語教育雑誌編集社、36-40頁。

黄行

2000『中国少数民族語言活力研究』中央民族大学出版社。

姜英敏

2002「民漢合校芻論」『民族教育研究』第1期、11-13頁。

李偉峰

2008「少数民族家族教育浅析」『民族問題研究』2008年第7期、37-42頁。

雷通群著

2008『教育社会学』福建教育出版社。

王軍主編

2007『教育民族学』中央民族大学出版社。

王軍

2006「文化伝承的教育人類学研究」『民族教育研究』、2006 年第 3 期、9-14 頁。

王振本・梁威・阿布拉・艾買提・張勇

2001『新疆少数民族双語教学与研究』民族出版社。

王瑛

2009「浅談双語教育対社会和諧的促進作用」『和田師範専科学校学報』第 3 期、95-96 頁。

王偉光

2007「構建社会主義和諧社会的理論指南——重読『関与正確処理人民内部矛盾的問題』」『中共中央党校学報』第 11、期 5-12 頁。

呉福環

2008「改革開放以来新疆少数民族教育的発展」『民族問題研究』2008 年、第 6 期 56-71 頁。

希日娜依・买苏提

2001「民考漢与双語現象」『言語与翻訳』第 1 期、61-65 頁。

石中英

1999『教育学的文化性格』山西教育出版社。

詹伯慧

1999「略論方言、共同語与双語制問題」陳恩泉主編『双語双方言与現代中国』377-389 頁。

楊東平

2006『中国教育公平的理想与現実』北京大学出版社。

楊奎

2007「批判与超越——馬克思主義和諧社会理論研究」『北京行政学院学報』第 3 期、49-51 頁。

楊梅・奚寿鼎

1995「白族白、漢双語教学十六字方針実施初探」『民族教育研究』58-62 頁。

袁焱

2001『言語接触言語演変　阿昌語個案調査研究』民族出版社。

張貴亭

1999「加強漢語教学　培養双語人材」『新疆双語教育』第 1 期　新疆双語教育雑誌編集社、3-6 頁。

張鉄道編

   2003『中国西部少数民族女童教育質量与効益研究』甘粛文化出版社。

張鉄山

   1997「回鶻文『増壹阿含経』残巻研究、『民族語文』第 2 期、28-33 頁。

長慶宏

   1994「第二言語教学中的語彙及語用」『民族教育研究』63-65 頁。

張洋

   2000「古代新疆多語種双語的交流」『中央民族大学学報』2000 年、第 2 期。

鄭杭生主編

   2005『民族社会学概論』中国人民大学出版社。

朱暁宏

   2003『公民教育』教育科学出版社。

趙秀芝

   1997「試論新疆双語教育的緊迫性」『民族教育研究』18-21 頁。

周耀文

   1995『中国少数民族語文使用研究』中国社会科学出版社。

中華人民共和国教育部

   2002『全国教育事業第十個五年計画』人民教育出版社。

中央民族大学突厥語言文化系、中亜学研究所、維吾爾学研究所編

   1997『突厥語与文化研究』中央民族大学出版社。

統計資料

新疆教育科学研究所・新疆教育基金会編

   1991『新疆教育年鑑』(1949－1989 年) 新疆教育出版社。

新疆維吾尓自治区教育庁編

   2007『新疆維吾尓自治区教育統計資料』。

新疆ウイグル自治区地方志編纂委員会編

   『新疆年鑑』(2001－2008 年) 新疆年鑑社。

ウイグル語文献

Abdukerim, Rahman. Reweydulla, Hemdulla. Xerip, Huxtar

   1996『維吾尓族習俗』新疆青少年出版社。

Enwer. Semet

   2006『維吾尓族伝統道徳』新疆人民出版社。

Buhayre. Ablet

 2001「論自古以来一直使用的維吾尓語詞義演変問題」『言語与翻訳』4『言語与翻訳』雑誌社。

Gulxen. niyaz

 2001「談現代維吾中几个外来詞的詞源」『言語与翻訳』4『言語与翻訳』雑誌社。

Ghanizat. Ghuyurany

 2004「論阿拉伯、波斯語借詞在維吾尓語中的使用情況」『言語与翻訳』3『言語与翻訳』雑誌社。

Halik. Niyaz

 2000「浅論現代維吾中的混合詞」『言語与翻訳』2『言語与翻訳』雑誌社。

Heyratjan. Zirix

 2001「使用名詞述語应该以规範化為基準」『言語与翻訳』4『言語与翻訳』雑誌社。

Musajan. Husayin

 2004「論語言美」『言語与翻訳』3『言語与翻訳』雑誌社。

MuhemmedTursun. Abdulla

 2002「浅論現代維吾中的印欧言語附加成分」『言語与翻訳』2『言語与翻訳』雑誌社。

Rusul. Halikh

 2004「要保持母語的純洁性」『言語与翻訳』3『言語与翻訳』雑誌社。

Taxpolat. Abeydulla

 2001「談漢語新詞述語維訳存在的一些問題」『言語与翻訳』4『言語与翻訳』雑誌社。

［著者紹介］
古力加娜提・艾乃吐拉（アナトラ・グリジャナティ）
1971年、中国・新疆・ウルムチ生まれ。
1992年7月、新疆大学卒業。
1992年9月～2000年4月：新疆工学院（現在、新疆大学と合併）言語教育研究部講師。
2000年4月来日。
2003年4月～2011年3月：北九州市立大学、佐賀県立佐賀商業高等学校非常勤講師。
2010年3月、九州大学大学院人間環境研究院博士課程修了、同研究院外国人学術研究員を経て、2011年9月から現職。
現在、中国新疆師範大学言語学院、准教授・博士（教育学）。新疆少数民族双語教育研究センター、研究員。
専門：教育人類学
著書：『中国留学会話百科――留学準備から帰国まで』（共著）駿河台出版社、2002年。
論文：「教育現場における言語使用の変化とその民族的・社会的影響 - 新疆ウイグル自治区・ウルムチ市における双語教育を事例に」（『ことばと社会』2011年、13号）、「烏魯木斉維吾尔族生活語言変化研究（ウルムチ市におけるウイグル族の生活言語の変化について）」（『新疆師範大学学報』2012年第33巻第2期）、「論喀什地区城市化進程対社会文化的影響（カシュガルにおける都市化とその社会的文化へ与えた影響について）」（『新疆師範大学学報』2013年第34巻第5期）、「中国少数民族地域における都市化と社会変動――新疆ウイグル自治区カシュガル市の事例を中心に」（『アジア太平洋レビュー』2014年、第11号）

中国の少数民族教育政策とその実態
新疆ウイグル自治区における双語教育

発行日	初版第1刷　2015年12月28日	
著　者	古力加娜提・艾乃吐拉（アナトラ・グリジャナティ）　2015©Anaytulla Guljennet	
発行所	株式会社 三元社	
	〒113-0033　東京都文京区本郷1-28-36　鳳明ビル	
	電話／03-5803-4155　FAX／03-5803-4156	
印刷+製本	モリモト印刷 株式会社	

Printed in Japan
ISBN978-4-88303-396-6
http://www.sangensha.co.jp